AF620171

NOUVEL ESSAI

SUR

L'HARMONIE.

Ouvrages de M. Bemetzrieder, sur la Musique.

Tolérantisme Musical, 1 liv.

Méthode & Réflexions sur les Leçons de Musique, avec 6 Planches gravées sur la science des Accords & sur l'accompagnement de la Basse chiffrée, 3 liv.

Leçons de Clavecin, 12 liv.

Traité de Musique sur les Élémens de la composition, avec 80 Planches gravées, seconde Édition, 6 liv.

Nouvel Essai sur l'Harmonie; Observations sur l'ordonnance des Tons & sur la succession des Harmonies dans la construction musicale, suivant les Regles de la *Syntaxe* & de la *Rhétorique*, avec 20 Planches gravées, seconde Édition, 6 liv.

NOUVEL ESSAI

SUR

L'HARMONIE;

OBSERVATIONS ſur l'ordonnance des Tons & ſur la ſucceſſion des Harmonies dans la conſtruction muſicale, ſuivant les Regles de la *Syntaxe* & de la *Rhétorique*.

SECONDE ÉDITION.

PAR M. BEMETZRIEDER.

Prix 6 livres, avec 20 Planches gravées.

A PARIS,

Chez BENOÎT MORIN, Imprimeur-Libraire, rue Saint-Jacques, à la Vérité.

M. DCC. LXXXI.

Avec Approbation, & Privilége du Roi.

AVERTISSEMENT.

PUBLIANT en 1776 mes Élémens sur la Composition musicale, je n'osai pas m'écarter entiérement de la route ordinaire; bravant les regles & les préceptes avec lesquels on borne le génie des Eleves, j'ai respecté le mot *accord*. A la fin de 1779 j'ai été plus hardi, je crois avoir prouvé dans mon *Nouvel Essai sur l'Harmonie*, que la vaine nomenclature d'accords ne peut pas former une base solide pour les principes de la Composition (*a*); comparant la construction musicale avec la construction du discours, j'osai même faire abstraction des notes écrites. Aujourd'hui je vais plus loin encore; j'annonce ma nouvelle

(*a*) Voyez la page 260 de cet Ouvrage, note 5. Le Lecteur choqué de mon irrévérence pour les accords, pourra consulter le chapitre accompagnement de *ma Méthode*, il verra que je ne me livre pas aux expressions de l'ignorance.

doctrine ſous le titre de *Syntaxe & de Rhétorique Muſicale* : mais pour être entendu plus univerſellement, je reviens aux notes écrites ; j'unis *mon Addition* avec *mon nouvel Eſſai*, & dans les vingt planches ajoutées, je trace au Muſicien les exemples dictés au Lecteur dans le courant de l'Ouvrage (*b*).

Pour rendre cet *Eſſai* indépendant, j'ai répété quelques notions ſur les tons & ſur les harmonies développées plus amplement dans mon *Traité de Muſique*, auquel le préſent Ouvrage peut ſervir de ſuite (*c*).

Cent vingt-un Articles ſont la ſubdiviſion de ſes trois Parties. Dans les ſoixante-treize premiers Articles je parle

(*b*) Je conſeille à l'amateur qui voudra profiter de cet Ouvrage, de le lire ou plutôt de l'étudier devant le clavecin ; de noter les exemples dictés ; de comparer ſon travail avec mes exemples gravés & de les prononcer toutefois ſur l'inſtrument.

(*c*) La *Poéſie muſicale* ſera une ſeconde ſuite à mon Traité de Muſique, & renfermera tout ce qui me reſte à dire ſur l'*Art Muſical*.

des principes ordinaires de la composition concernant les tons & leurs changemens, concernant les consonnances & leurs successions : je familiarise le Lecteur avec la principale consonnance de tous les tons, & avec tous les changemens de tons possibles. Je divise les changemens de tons en changemens ordinaires & naturels, & en changemens extraordinaires ; j'indique ceux qui sont les plus doux à l'oreille & ceux qui sont les plus usités dans la marche musicale : j'exerce le Lecteur sur les chaînes naturelles & générales des tons, sur les cercles de tons d'*ut* à *ut* & de *la* à *la* par differentes routes naturelles. J'indique les tons intermédiaires entre deux tons donnés & quatre manieres générales d'aller d'un ton à un autre.

Dans l'article 74 je quitte la route ordinaire pour developper la construction musicale. Ici mes observations sont neuves, si je n'ai pas atteint la perfection, je crois du moins avoir posé & développé les premiers principes de la *Syntaxe* & de la *Rhétorique musicale.* Je considere l'ensemble des sons relativement à la gamme & je donne à cet ensemble de sons le nom d'*harmonie ;* je nombre toutes les harmonies de la gamme & je les divise en *harmonies consonnantes* & en *harmonies dissonantes ;* je cherche à prouver que les harmonies sont les mots du langage musical, qu'elles doivent être ordonnées de maniere à former des phrases ; que l'*opposition* & le *contraste* qui regnent entre les harmonies *sollicitantes* & les harmonies *repos*, donnent le sens à la phrase harmonique ; qu'il y a *quatre repos* dans toutes les gammes ; que chaque repos à les mêmes nuances & les mêmes gradations que les repos du discours ; que la consonnance n'est pas toujours *intonation* dans la construction, qu'elle est tantôt *contraste* & *sollicitation*, & tantôt *repos ;* que souvent plusieurs consonnances appartiennent à la même gamme, deviennent tour-à-tour *repos* & ſe ſollicitent réciproquement ; que les diſſonances mêmes ſont parfois des *repos* & ſervent d'interrogation, d'admiration, d'étonnement & de ſuſpenſion.

Je mets l'exemple à côté du précepte ; avec les harmonies *ſollicitantes* & avec les harmonies *repos*, je forme la phraſe, la periode & le diſcours muſical ; dans les planches on trouvera pluſieurs morceaux choiſis tant de la conſtruction d'*Ariette* que de la conſtruction du *Récitatif*, ils ſont notés de maniere à faire appercevoir promptement au Lecteur les ſollicitations, les repos & leurs nuances. Du plus ſimple je vais au plus compliqué ; les premiers morceaux ſont fondés ſur les ſeules conſonnances ; d'abord toutes les phraſes du morceau ſont dans la même gamme, enſuite pluſieurs gammes ſont enchaînées dans le même morceau ; enfin les diſſonances viennent au ſecours des conſonnances *ſollicitantes* & des conſonnances *repos*.

APPROBATION.

J'AI lu par l'ordre de Monſeigneur le Garde des Sceaux, un Ouvrage intitulé: *Nouvel Eſſai ſur l'Harmonie, &c.* par M. BEMETZRIEDER, faiſant partie de ſes Œuvres, & je n'y ai rien trouvé qui pût en empêcher l'impreſſion. A Paris, ce ſix Septembre 1781.

Signé, MONTUCLA, Cenſeur Royal.

Le Privilége eſt imprimé à la fin de la *Méthode & Réflexions ſur les Leçons de Muſique* de l'Auteur.

NOUVEL ESSAI
SUR
L'HARMONIE.

DES TONS ET DE LEUR INTONATION.

Nature du Mode majeur & du Mode mineur ; nombre des Notes naturelles, des Notes dièzes *& des Notes* bémoles *qui entrent dans la gamme de chaque ton ; intonation des ſons de la nature ou harmonie conſonnante des principales Notes de la gamme ; meſures qui peuvent régler & embellir la prononciation de la conſonnance.*

1. TOUT morceau de Muſique réduit aux Notes principales, forme une chaîne de conſonnances, ou une chaîne de conſonnances mêlées de diſſonances,

2. Chaque conſonnance eſt la prononciation des principaux ſons de la gamme, du ton ou du mode; c'eſt ſon *intonation*.

3. Les notes naturelles...

Ut ré mi fa ſol la ſi ut

ſont le modele de la gamme de tout ton majeur.

4. Les notes naturelles...

La ſi ut ré mi fa ſol la

ſont le modele de la gamme de tout ton mineur.

5. Les principales notes de la gamme répondent toujours aux nombres impairs..

1, 3, 5.

Ut mi ſol ſont les principales notes de la gamme majeure du ton *ut*, & *la ut mi* ſont les principales notes de la gamme mineure du ton *la*. Ce ſont ces principales notes qui expriment les ſons du corps ſonore, les ſons de la nature, les ſons repos qui marquent les virgules, les points, & qui terminent les phraſes muſicales.

6. L'enſemble ou l'harmonie *ut mi ſol*, & l'enſemble ou l'harmonie *la ut mi*, ſont

les modeles de toute consonnance; la premiere est la consonnance majeure, la seconde est la consonnance mineure.

7. Les 8 notes de la gamme sont nommees *tonique*, *seconde*, *tierce*, *quarte*, *quinte*, *sixte*, *septieme* & *octave*.

8. Les 8 notes de la gamme sont séparées par sept espaces, 5 sont des intervalles de *ton*, & les 2 autres sont des intervalles de *demi-ton*.

En majeur, les deux intervalles de *demi-ton* separent la tierce de la quarte, & la septieme de l'octave.

En mineur, les deux intervalles de *demi-ton* séparent la seconde de la tierce, & la quinte de la sixte.

9. Les trois notes de l'harmonie consonnante sont séparées par deux espaces, dont l'un est l'intervalle de tierce majeure composée de 2 *tons*, & l'autre est l'intervalle de tierce mineure composée d'un *ton* & demi.

La grande tierce sépare les deux premieres notes de la consonnance majeure,

& les deux dernieres, de la consonnance mineure.

La petite tierce sépare les deux premieres notes de la consonnance mineure, & les deux dernieres de la consonnance majeure.

10. Dans l'octave d'*ut* on peut aussi ordonner la gamme suivant le modele du ton mineur, & dans l'octave de *la*, on peut l'ordonner suivant le modele du ton majeur; on peut même prendre chaque note de la gamme pour une *tonique*, & ordonner ensuite, dans l'étendue de son octave, une gamme suivant le modele du mode majeur, ou suivant le modele du mode mineur. Pour ce faire, il faut *diézer* une ou plusieurs notes naturelles, pour les hausser d'un *demi-ton*, ou bien il faut *bémoliser* une ou plusieurs, pour les baisser d'un *demi-ton*.

11. Les notes *diézes* concourent pour la formation de la gamme dans l'ordre suivant...

Fa ut sol ré la mi si

12. Les notes *bémolés* concourent pour la formation de la gamme dans l'ordre ſuivant...

Si mi la ré ſol ut fa.

L'ordre des *bémols* eſt donc inverſe de celui qui regne parmi les *diézes*. Les *diézes* vont par quinte, & les *bémols* vont par quarte, comptant toujours du grave vers l'aigu, ou du bas vers le haut, (ſur le *clavecin*, de gauche à droite).

13. La difference du majeur au mineur dans la même octave tombe ſur la tierce, ſixte & ſeptieme de la gamme: ces trois notes ſont chacune d'un *demi-ton* plus grave en mineur qu'en majeur. Le *ſi*, le *mi* & le *la* ſont *bémols* dans la gamme mineure d'*ut* : le *fa*, l'*ut* & le *ſol* ſont *diézes* dans la gamme majeure de *la*. Donc 3 *bémols* de plus en mineur qu'en majeur, & 3 *diézes* de plus en majeur qu'en mineur de la même octave.

14. Les ſept notes de la gamme étant naturelles dans l'octave d'*ut*, on peut conclure qu'elles doivent toutes être *diézes*

pour pouvoir former la gamme du même mode en *utdièze*, & qu'elles doivent toutes les ſept être *bémoles*, pour pouvoir former une pareille gamme en *utbémol ;* car, hauſſant ou baiſſant la tonique d'un *demi-ton*, il faudra également hauſſer ou baiſſer d'un *demi-ton* les autres notes de la gamme, ſans quoi il ne pourroit plus y avoir entre elles les diſtances ou les intervalles néceſſaires pour la formation du mode.

15. Donc 21 *toniques* qui ſont les 7 notes naturelles de la gamme en *ut*, les 7 notes *dièzes* de la gamme en *utdièze*, & les 7 notes *bémoles* de la gamme en *utbémol ;* par conſequent, 42 tons, 21 majeurs & 21 mineurs.

16. Les 21 *toniques* peuvent & doivent ſe réduire à douze, & les 42 modes à vingt-quatre : douze tons majeurs & douze tons mineurs ſont le champ réel de notre harmonie & de notre mélodie.

Sur le *clavecin*, les douze *toniques* ſont viſibles, & tout Compoſiteur conſulte cet inſtrument

instrument qui ne rend que douze sons différents dans la même octave, avec lesquels on peut exprimer toutes les *toniques* possibles (*d*).

17. Les *toniques utdieze* & *rébémol* rendent le même son, qui doit être pris au point de milieu, entre l'*ut* & le *ré*. Il n'y a pareillement qu'une *tonique* entre

(*d*) Si vous êtes arrêté ou contrarié ici par l'érudition sur l'inégalité des *demi-tons*, ou par le *comma* qui sépare l'*utdieze* du *rébemol*, lisez les Chapitres, *Principes*, *Théorie* & *exécution* de *ma Méthode* & de *mes Réflexions sur les Leçons de Musique*; peut-être concluerez-vous comme moi, qu'*utdieze* & *rébemol* doivent être un même son sur tous les instruments, pour pouvoir être *toniques*; que la voix doit les confondre : car, si ces deux notes n'étoient pas prises au même point du milieu, entre l'*ut* & le *ré*, elles ne pourroient pas subsister seules & indépendantes, comme doit l'être une *tonique*. Mais l'une, comme *sensible*, exigeroit forcément le retour de la *tonique ré*, & l'autre comme *sixte mineure*, exigeroit le retour de la *quinte ut*.

le *ré* & le *mi*, qui s'appelle *rédieze* ou *mibémol*; une, entre le *fa* & le *sol*, qui s'appelle *fadieze* ou *solbémol*; une entre le *sol* & le *la*, qui s'appelle *soldieze* ou *labémol*; une, entre le *la* & le *si*, qui s'appelle *ladieze* ou *sibémol*.

18. Les *toniques mi* & *fabémol* rendent aussi le même son : une pareille identité confond les *toniques fa* & *midieze*, *si* & *utbémol*, *ut* & *sidieze*.

19. Ainsi, les douze *toniques* de notre octave sont à une égale distance l'une de l'autre; l'intervalle de *demi-ton* sépare chacune de sa voisine (*e*).

20. Si on exprime la *tonique* qui est entre l'*ut* & le *ré* par la note *rébémole*;

(*e*) Si on découvroit jamais un *microscope* d'*oreille*, on pourroit placer un *quart de ton* entre les *toniques*, & en ranger 24 dans l'étendue de notre octave : alors on auroit un champ bien plus vaste ; le Musicien pourroit approcher l'expression de la parole ; peut-être comme le Poëte, il pourroit développer &

il en faut 5 *bémols* pour former dans ſon octave une gamme ſuivant le modele du mode majeur. Nous avons vu qu'il en falloit 7 *diezes* pour faire la gamme en *utdieze*. Donc le ton majeur de 7 *diezes* & le ton majeur de 5 *bémols* ne ſont qu'un même ton, la gamme de l'un ſe confond avec la gamme de l'autre.

21. Tranſportant le modele du mode mineur dans l'octave qui eſt entre le *la* & le *ſi*, il en faut ſept *diezes* pour la gamme, ſi la *tonique* eſt exprimée par la note *ladieze*; & ſi on la nomme *ſibémole*, il en faut 5 *bémols*. Donc le ton mineur de 7 *diezes* & le ton mineur de 5 *bémols* ne ſont qu'un même ton; les notes des deux gammes expriment les mêmes ſons.

22. Dans l'octave qui eſt entre le *fa* & le *ſol*, il en faut ſix *diezes* pour la

---

diſtinguer clairement les paſſions, les affections & tous les ſentiments de l'ame.

gamme majeure, si la *tonique* est nommée *fadieze*; & si elle est nommée *solbémole*, il en faut 6 *bémols*.

23. Il en faut aussi six *diezes* ou six *bémols* pour faire la gamme, suivant le modele du mode mineur, dans l'octave qui est entre le *ré* & le *mi*.

24. En *labémol* il en faut 4 *bémols* pour la gamme majeure, & il en faut 8 *diezes* (*f*) pour la faire en *soldieze*.

25. Comparant les gammes dont les notes *diézées* ou *bémolisées* expriment les mêmes sons, on voit que le nombre des *diezes* de l'une & le nombre des *bémols* de l'autre font toujours ensemble

(*f*) Le huitieme *dieze* retombe sur le premier, car la quinte du septieme *dieze* est *fa* deux fois *dieze* ou *fa double dieze*. Les doubles *diezes* suivent le même ordre que les simples; pour le neuvieme *dieze*, il faut l'*ut double dieze*; pour le dixieme, il faut le *sol double dieze*, &c. Sur le *Clavecin*, on rend le *fa double dieze* par le *sol*, l'*ut double dieze* par le *ré*, & le *sol double dieze* par le *la*, &c.

douze. Delà on peut conclure qu'on rend les mêmes ſons, ſi on eſt en majeur de 3 *bémols* ou en majeur de 9 *diezes*; & comme nous avons vu ci-deſſus qu'il y a 7 *bémols* en majeur d'*utbémol*, nous pouvons conclure qu'il doit y en avoir 5 *diezes* dans la gamme majeure de *ſi.*

26. Revenons un moment au modele du mode majeur; mettons-nous dans le ton naturel d'*ut*; quittons-le; élevons la *tonique* d'une quinte, pour être en *ſol*; élevons également d'une quinte les autres notes de la gamme, toutes les notes reſteront naturelles, excepté le *fa* qui ſera *dieze*, & le modele de la gamme majeure ſera obſervé.

27. Quittons une ſeconde fois notre modele *ut*; élevons la *tonique* d'une quarte, pour être en *fa*; élevons également d'une quarte les autres notes de la gamme; toutes les notes reſteront naturelles, excepté le *ſi* qui ſera *bémol*, & le modele de la gamme majeure ſera obſervé.

28. Revenons auſſi un moment au modele du mode mineur ; mettons-nous dans le ton naturel de *la* ; quittons-le de même ; élevons la *tonique* d'une quinte & d'une quarte, nous ſerons en *mi* mineur, & puis en *ré* mineur ; nous aurons d'abord un *dieze* dans la gamme, & enſuite un *bémol*.

29. Concluons qu'on a chaque fois un *dieze* de plus dans la gamme, ſi on quitte un ton pour aller dans le ton ſemblable de ſa quinte, & qu'on a chaque fois un *bémol* de plus dans la gamme, ſi on quitte un ton pour aller dans le ton ſemblable de ſa quarte.

30. Rappellons-nous que l'ordre des *bémols* eſt inverſe de celui qui règne parmi les *diezes*, & nous verrons qu'un *dieze* de plus dans la gamme eſt la même choſe qu'un *bémol* de moins ; augmenter d'un *bémol*, & diminuer d'un *dieze*, ſont auſſi des expreſſions ſynonimes.

31. Encore une obſervation. Les notes

naturelles forment la gamme en *ut* majeur & en *la* mineur ; toutes les notes de la gamme sont *diezes* en *utdieze* majeur & en *ladieze* mineur ; toutes les notes de la gamme sont *bémoles* en *utbémol* majeur & en *labémol* mineur ; un seul *dieze* en *sol* majeur & en *mi* mineur ; un seul *bémol* en *fa* majeur & en *ré* mineur. Donc, pour chaque nombre de *diezes* ou de *bémols*, deux tons relatifs ; la sixte de toute gamme majeure est *tonique* du relatif mineur, & la tierce de toute gamme mineure est *tonique* du relatif majeur.

32. A présent nous pouvons négliger le modele ; les rapports (*g*) que nous venons de découvrir, suffisent pour déterminer le nombre des notes naturelles des *diezes* & des *bémols* de toute gamme. Voulons-nous savoir, par exemple, la gamme majeure de 5 *bémols*, nous penserons au nombre douze, & nous dirons,

(*g*) Dans les deux premieres leçons de mon *Traité de Musique*, je développe davantage les rapports qui règnent entre les 24 tons.

la gamme de 5 *bémols* ſe confond avec celle de 7 *diezes* ; or, en *ut*, toutes les notes ſont naturelles ; donc en *utdieze* (à un demi-ton plus haut,) ſept *diezes* ; donc en *rébémol* 5 *bémols* ? Voulons-nous ſavoir de plus la gamme en *rébémol* mineur, nous penſerons au nombre 3, qui fait la différence du majeur au mineur de la même octave, & nous ajouterons 3 *bémols* à la gamme, ce qui donnera 8 *bémols* (*h*) pour le mineur de *rébémol.*

33. Penſant à la fois aux nombres 3, 7, 12 & à la diſtance des tons relatifs, nous pouvons faire une ſérie de conſéquences, & dire par exemple : en *la* mineur toutes les notes ſont naturelles, donc en *la* majeur 3 *diezes*, donc en *ladieze* majeur 10

(*h*) Le huitieme *bémol* retombe ſur le premier, car la quarte du ſeptieme *bémol* eſt *ſi* deux fois *bémol* ou *ſi double bémol.* Les *doubles bémols* ſuivent le même ordre que les ſimples; pour le neuvieme *bémol*, il faut *mi double bémol ;* pour le dixieme, il faut le *la double bémol*, &c. Sur le *clavecin*, on rend le *ſi double bémol* par le *la*, le *mi double bémol* par le *ré*, & le *la double bémol* par le *ſol*, &c.

diezes ou 2 *bémols* en majeur de *ſibémol*, donc en *ſol* mineur auſſi 2 *bémols*, donc en *ſol* majeur 2 *bémols* & 3 *diezes*, c'eſt-à-dire, 1 *dieze*; donc auſſi 1 *dieze* en *mi* mineur, donc 4 *diezes* en *mi* majeur, donc auſſi 4 *diezes* en *utdieze* mineur, donc 7 *diezes* en *utdieze* majeur, donc en *ut* 7 *diezes* & 7 *bémols*, c'eſt-à-dire, par combat & deſtruction toutes les notes naturelles.

34. Penſant aux nombres 1 & 12, chacun pourra faire les tableaux ſuivans.

1°. *Tons majeurs par quinte.*

TONIQUES.	NOMBRE DES *DIEZES* DANS LA GAMME.		
Ut	0.		
Sol	1.		
Ré	2.		
La	3.		
Mi	4.		
Si	5.		
Fadieze	6.		
Utdieze	7.		
Soldieze	8.	ou *labémol*	4 *bémols*.
Rédieze	9.	ou *mibémol*	3 *bémols*.
Ladieze	10.	ou *ſibémol*	2 *bémols*.
Midieze	11.	ou *fa*	1 *bémol*.
Sidieze	12.	ou *ut*	0

2°. *Tons majeurs par quarte.*

TONIQUES.	NOMBRE DES *BÊMOLS* DANS LA GAMME.		
Ut	0.		
Fa	1.		
Sibémol	2.		
Mibémol	3.		
Labémol	4.		
Rébémol	5.		
Solbémol	6.		
Utbémol	7.		
Fabémol	8.	ou *mi*	4 *diezes.*
Sidoublebémol	9.	ou *la*	3 *diezes.*
Midoublebémol	10.	ou *ré*	2 *diezes.*
Ladoublebémol	11.	ou *ſol*	1 *dieze.*
Rédoublebémol	12.	ou *ut*	0.

3°. *Tons mineurs par quinte.*

TONIQUES.	NOMBRE DES *DIEZES* DANS LA GAMME.
La	0.
Mi	1.
Si	2.
Fadieze	3.

TONIQUES.	NOMBRE DES *DIEZES* DANS LA GAMME.		
Utdieze	4.		
Soldieze	5.		
Rédieze	6.		
Ladieze	7.		
Midieze	8.	ou *fa*	4 *bémols.*
Sidieze	9.	ou *ut*	3 *bémols.*
Fadoubledieze	10.	ou *sol*	2 *bémols.*
Utdoubledieze	11.	ou *ré*	1 *bémol.*
Soldoubledieze	12.	ou *la*	0.

4°. *Tons mineurs par quarte.*

TONIQUES.	NOMBRE DES *BÉMOLS* DANS LA GAMME.		
La	0.		
Ré	1.		
Sol	2.		
Ut	3.		
Fa	4.		
Sibémol	5.		
Mibémol	6.		
Labémol	7.		
Rébémol	8.	ou *utdieze*	4 *diezes.*
Solbémol	9.	ou *fadieze*	3 *diezes.*

TONIQUES.	NOMBRE DES *BÉMOLS* DANS LA GAMME.
Utbémol	...... 10. ou *si*...... 2 *diezes*.
Fabémol	.... 11. ou *mi*..... 1 *dieze*.
Sidoublebémol	.. 12. ou *la*..... 0.

5°. *Tons relatifs par quinte.*

TONIQUES.	NOMBRE DES *DIEZES* DANS LA GAMME.
Ut & la	.... 0.
Sol & mi	.... 1.
Ré & si	.... 2.
La & fadieze	.... 3.
Mi & utdieze	.... 4.
Si & soldieze	.... 5.
Fadieze & rédieze	..... 6.
Utdieze & ladieze	..... 7.
Soldieze & midieze	..... 8. ou *labémol & fa*. 4 *bémols*.
Rédieze & sidieze	...... 9. ou *mibémol & ut*. 3 *bémols*.
Ladieze & fadoublədieze.	10. ou *sibémol & sol*. 2 *bémols*.
Midieze & utdoubledieze.	11. ou *fa & ré*... 1 *bémol*.
Sidieze & soldoubledieze.	12. ou *ut & la*... 0.

6°. *Tons relatifs par quarte.*

TONIQUES.	NOMBRE DES *BÉMOLS* DANS LA GAMME.
Ut & la	0.
Fa & ré	1.
Sibémol & ſol	2.
Mibémol & ut	3.
Labémol & fa	4.
Rébémol & ſibémol	5.
Solbémol & mibémol	6.
Utbémol & labémol	7.
Fabémol & rébémol	8. ou *mi & utdieze*. 4 *diezes*.
Sidoublebémol & ſolbémol	9. ou *la & fadieze*. 3 *diezes*.
Midoublebémol & utbémol	10. ou *ré & ſi* . . . 2 *diezes*.
Ladoublebémol & fabémol	11. ou *ſol & mi* . . 1 *dieze*.
Rédoublebémol & ſi doublebémol.	12. ou *ut & la* . . . 0.

7°. *Succeſſion du mineur au majeur de la même octave.*

TONIQUES.	MAJEUR.	MINEUR.
Ut	0	3 *bémols*.
Sol	1 *dieze*	2 *bémols*.
Ré	2 *diezes*.	1 *bémol*.
La	3 *diezes*.	0.
Mi	4 *diezes*.	1 *dieze*.
Si	5 *diezes*.	2 *diezes*.
Fadieze	6 *diezes*.	3 *diezes*.
Utdieze	7 *diezes*.	4 *diezes*.

TONIQUES.	MAJEUR.	MINEUR.
Soldieze..	8 *diezes*...	5 *diezes* ou *labémol*. 4&7 *bémols*.
Rédieze...	9 *diezes*...	6 *diezes* ou *mibémol*. 3&6 *bémols*.
Ladieze...	10 *diezes*...	7 *diezes* ou *sibémol*. 2&5 *bémols*.
Midieze...	11 *diezes*...	8 *diezes* ou *fa*.. 1 & 4 *bémols*.
Sidieze...	12 *diezes*....	9 *diezes* ou *ut*.. 0 & 3 *bémols*.

35. Etant un peu familiarisé avec le nombre des *diezes* & des *bémols* de toutes les gammes, nous pouvons nous arrêter dans les tons naturels, & prononcer les sons de la nature sur l'instrument, d'abord en *ut* majeur, ensuite en *la* mineur. Frappons des deux mains ensemble & alternativement la consonnance *ut mi sol.*

Recommençons, pour doubler l'*ut*, le *mi* & puis le *sol*, nous aurons pour chaque main *ut mi sol ut*, *mi sòl ut mi*, & *sòl ut mi sol* : exerçons ces trois positions de notre consonnance sur toute l'étendue de l'instrument, ne frappons pas toujours à la fois tous les sons de l'harmonie, ils se succedent très-bien du grave à l'aigu, & de l'aigu au grave.

Prononçons de même les principaux

ſons de la gamme naturelle du ton *la*, & exerçons-nous à pouvoir frapper facilement la conſonnance *la ut mi*, ſuivant les 3 poſitions *la ut mi la*, *ut mi la ut*, & *mi la ut mi*.

36. Sachant prononcer les principaux ſons des gammes naturelles de toutes les manieres, cherchons à régler notre prononciation par la meſure & par le mouvement. Obſervons l'égalité des vibrations (*tic*, *tac.*) dans la marche d'une pendule, & mettons la même régularité, la même meſure dans la ſucceſſion de nos harmonies; ne proportionnons pas la vîteſſe du mouvement à l'habileté de nos doigts, le mouvement lent eſt le plus propre à la marche des harmonies. Soutenons le même mouvement, ſans l'accélérer, ni le retarder, & diſons 5 fois la conſonnance d'*ut* avec la main droite, frappons à la baſe l'*ut* ſeulement pour la premiere prononciation, le *mi* pour la ſeconde, le *ſol* pour la troiſieme, le *mi* pour la quatrieme, & l'*ut*

pour la cinquieme. Difons de fuite & de la même maniere la confonnance mineure de *la*.

37. Pour chaque prononciation d'harmonie, on peut auffi frapper la bafe 2, 3 ou 4 fois, fi on veut approcher les deux, les trois ou les quatre temps qui règnent dans la mefure de la mélodie; pour avoir 5 mefures à deux temps, redifons 5 fois la confonnance majeure d'*ut*, frappons *ut ut* à la bafe pour la premiere prononciation, *mi mi* pour la feconde, *fol fol* pour la troifieme, *mi mi* pour la quatrieme, & *ut ut* pour la cinquieme. Difons de fuite & de la même maniere la confonnance mineure de *la*.

38. Recommençons, & pour avoir 5 mefures à trois temps, difons 5 fois la confonnance d'*ut*; frappons *ut ut ut* à la bafe pour la premiere prononciation, *mi mi mi* pour la feconde, *fol fol fol* pour la troifieme, *mi mi mi* pour la quatrieme, & *ut ut ut* pour la cinquieme.

Difons

Disons de suite & de la même maniere la consonnance mineure de *la*.

39. Recommençons une troisieme fois, & pour avoir cinq mesures à 4 temps, disons 5 fois la consonnance d'*ut* ; frappons à la basse *ut ut ut ut* pour la premiere prononciation, *mi mi mi mi* pour la seconde, *sol sol sol sol* pour la troisieme, *mi mi mi mi* pour la quatrieme, & *ut ut ut ut* pour la cinquieme. Disons de suite & de la même maniere la consonnance mineure de *la*.

40. Mettons de la régularité dans la succession des temps ; marchons plus vîte avec la main gauche ; doublons, triplons ou quadruplons le mouvement, mais observons l'égalité des vibrations (*tic*, *tac*) de la pendule. Les temps sont des moitiés, des tiers ou des quarts de la mesure ; donc ils doivent se succéder avec égalité de durée, comme les mesures, mais deux fois, trois fois ou quatre fois plus vîte que les mesures.

41. Notre intonation peut encore

approcher davantage la mesure de la mélodie. Ne frappons pas toujours tous les temps sur la même note de basse; dans la mesure à 3 temps, ne frappons par fois que le premier & le troisieme temps; une autre fois frappons la mesure à la basse, & exprimons les temps avec les notes de l'harmonie; marquons toutefois la derniere prononciation, en ne frappant des deux mains que la mesure.

42. Exprimant les temps par la succession des notes de la consonnance, nous aurons naturellement la mesure à 3 temps; nous aurons aussi les 4 temps, en répétant un unisson; mais pour rendre la mesure à deux temps, il faut doubler la vîtesse, & dire deux fois les sons de l'harmonie dans la même mesure, pour avoir par temps trois ou quatre notes.

43. La mesure à 2 temps, ainsi embellie, est susceptible de 4 changemens très-naturels. Les sons de l'harmonie peuvent se succéder du grave vers l'aigu, & de l'aigu vers le grave; on peut chan-

ger la position, la descendre ou la monter.

44. Embellissons aussi les mesures de 3 & de 4 temps; répétons les sons de l'harmonie, pour donner deux notes à chaque temps; frappons à la basse les temps simples, ou seulement la mesure, tandis que la main droite dit les 6 ou les 8 notes; une autre fois ne marquons ni les temps, ni la mesure; comptons seulement les 6 ou les 8 notes, disant la premiere à la basse, & les autres avec la main droite.

45. A présent nous pouvons avancer; nous savons plaquer & harpégier l'harmonie; nous savons prononcer en mesure la consonnance des tons naturels; disons aussi l'intonation des autres tons. Commençons par ceux qui ont un *dieze* & un *bémol* dans leur gamme, & allons par gradation aux tons de 3, 5 & 7, tant *diezes* que *bémols*, après lesquels nous pourrons aussi placer les tons qui ont les *diezes* & les *bémols* en nombres pairs; réglons toutefois notre prononcia-

tion par la mesure ; soutenons l'égalité du mouvement ; mettons 3 ou 5 mesures par intonation ; employons tour-à-tour la mesure à 2, à 3 & à 4 temps ; frappons les temps simples dans un ton ; dans un autre disons les temps embellis ; recommençons souvent l'intonation de tous les tons ; attachons-nous sur-tout aux tons qui ont dans la gamme les *dieζes* & les *bémols* par nombre impair (*i*).

(*i*) Il est essentiel d'être familiarisé avec le nombre des *dieζes* & des *bémols* de toutes les gammes. Dans chaque ton, il faut être exercé à pouvoir frapper sur l'instrument toutes les positions de l'harmonie des sons de la nature. Pour atteindre ce but plus vîte, il faut se rendre maître de quelques tons qui servent aux autres d'*époques*, & à la mémoire de *ralliemens*.

NOUVEL ESSAI
SUR L'HARMONIE.

CHANGEMENS ET CHAINES DE TONS.

Changemens de tons naturels & extraordinaires ; enchaînement de tons prononcés par la consonnance des principales notes de la gamme ; chaîne générale, vague & indéterminée ; chaîne constructive de l'ariette, & chaîne constructive du récitatif.

46. Nous connoissons les tons, nous savons prononcer toutes les consonnances; ce sont autant de mots isolés ; lions-les ensemble, & formons-en une chaîne. Employons d'abord indifféremment tous les tons ; serrons ensuite le cercle ; or-

donnons les intonations analogues & voisines ; traçons la marche de l'ariette ; puis, négligeant la subordination, suivons la trace du récitatif.

Changeant de ton, l'intonation n'est pas indifférente ; on peut élever & baisser la tonique de plusieurs dégrés ; le nouveau corps sonore peut avoir un ou deux sons communs avec celui du ton quitté ; il peut même composer une harmonie toute nouvelle. Enchaînant les tons, imitons la nature ; tout est lié dans sa marche, elle va par gradation : la lumiere du jour croît & décroît ; les ténebres de la nuit s'épaississent & s'éclaircissent ; la crainte & l'espérance séparent le plaisir de la peine ; tout sentiment naît, croît, décroît & meurt. Exprimons cette marche naturelle & simple ; augmentons ou diminuons les *diezes* & les *bémols*, un à un ; parcourons les gammes de proche en proche ; allons par dégrés du naturel à tous les *diezes* ; rétrogradons par dégrés, & allons de même du naturel à tous les *bémols* : rompons par fois l'uniformité, omettons les tons intermédiaires, & sautons du naturel à 2, 3, 4 & 5 *diezes*, ou du naturel à 2, 3, 4 & 5 *bémols*, car la nature elle-même est quelquefois extraordinaire, du moins paroît-elle l'être. Nous ne voyons souvent que les extrêmes ; les dégrés intermédiaires nous échappent ; elle produit des phénomenes, & nous étonne : ne la consultons pas, quand elle fatigue, ni quand elle effraie ; bannissons pour jamais de la Musique les marches qui ennuient & qui blessent l'oreille.

47. Examinons un peu tous les changemens qu'on peut faire, en quittant un ton : delà nous déduirons aisément la marche naturelle & les marches extraordinaires.

La tonique élevée d'une quinte, est à l'unisson de la tonique baissée d'une quarte.

La tonique baissée d'une quinte, est à l'unisson de la tonique élevée d'une quarte.

La tonique élevée de six dégrés de

demi-ton, est à l'unisson de la tonique baissée de six dégrés de demi-ton.

Donc, en quittant un ton, on peut prendre onze toniques nouvelles; cinq à l'aigu élevées d'un, de deux, de trois, de quatre ou de cinq dégrés de demi-ton; cinq au grave, baissées d'un, de deux, de trois, de quatre ou de cinq dégrés de demi-ton; l'onzieme tonique est à l'aigu & au grave, elle est élevée & baissée de 6 dégrés.

48. Dans l'octave de chaque tonique nouvelle, on peut faire le mode majeur ou le mode mineur; de plus, avant que de quitter la tonique, on peut changer de mode; donc on peut faire 23 changemens, en quittant un ton quelconque.

49. Des onze toniques nouvelles, six sont notes de la gamme du ton quitté; elles composent la marche naturelle, la marche la plus douce pour l'oreille; car on l'étonne si on saute sur une tonique nouvelle, qui n'étoit pas note de la gamme du ton quitté.

50. Le mode de la tonique nouvelle n'eſt pas arbitraire; le plus naturel & le plus immédiate eſt celui dont la gamme a le plus de notes communes avec la gamme du ton quitté.

51. Prenons pour exemple le ton majeur d'*ut*, examinons les 11 toniques nouvelles, qui peuvent lui ſuccéder; les 5 à l'aigu ſont *utdieze* ou *rébémol*, *ré*, *rédieze* ou *mibémol*, *mi* & *fa*; les 5 au grave ſont *ſi*, *ſibémol* ou *ladieze*, *la*, *labémol* ou *ſoldieze* & *ſol*; l'onzieme à l'aigu ou au grave, eſt *fadieze* ou *ſolbémol*; or, les 6 *ré mi fa ſol la* & *ſi* ſont notes de la gamme du ton *ut*, l'oreille en eſt déja familiariſée; devenant toniques nouvelles, elles ne peuvent pas l'étonner, quoique chacune puiſſe produire un effet plus ou moins doux.

52. Les ſix toniques nouvelles les plus naturelles étant déterminées, profitons encore du même exemple pour fixer leur mode immédiate; comparons

les deux modes de chacune avec la gamme naturelle d'*ut*.

Dans la gamme de *ré* il y a 2 *diezes* pour le mode majeur, & un *bémol* pour le mode mineur ; donc le mode mineur de *ré* ſuccede plus immédiatement au ton majeur d'*ut*.

Dans la gamme de *mi* il y en a quatre *diezes* pour le majeur, & un *dieze* pour le mineur ; donc, ſi la tierce *mi* ſuccede au ton majeur d'*ut* comme tonique nouvelle, ſon mode doit encore être mineur.

Dans la gamme de *fa* il y a un *bémol* pour le mode majeur, & il y en a 4 *bémols* pour le mineur ; dans la gamme de *ſol* il y a un *dieze* pour le majeur, & deux *bémols* pour le mineur ; donc le mode immédiate de la quarte *fa* & de la quinte *ſol* doit être majeur.

Dans la gamme de *la* il y a 3 *diezes* pour le majeur, & toutes les notes ſont naturelles pour le mineur ; dans la gamme de *ſi* il y en a 5 *diezes* pour le majeur,

& deux *diezes* pour le mineur ; donc le mode immédiate de la sixte *la* & de la septieme *si* doit être mineur.

53. Prenons aussi pour exemple le ton mineur de *la*, examinant, comme dans l'article précédent, les 11 toniques nouvelles qui peuvent lui succéder, nous trouverons que les 6 les plus naturelles sont *si ut ré mi fa* & *sol;* pour fixer leur mode immédiate, comparons les deux modes de chacune avec la gamme naturelle de *la.*

En *si* mineur il y a plus de notes communes avec la gamme naturelle de *la*, qu'en *si* majeur ; donc le mode doit être mineur, si la tonique *si* succede au ton mineur de *la ;* si la quarte *ré* succede à notre ton *la*, son mode doit encore être mineur par la même raison.

Si la tierce *ut*, la sixte *fa*, ou la septieme *sol* succedent au ton mineur de *la*, leur mode doit être majeur, car en mineur d'*ut* il y auroit trois nouveaux sons dans la gamme, tandis qu'en majeur d'*ut* les mêmes ſons compoſent la gamme du ton quitté & celle du nouveau ton ; en majeur de *fa* & de *ſol* il y a le moindre changement poſſible, un ſeul *bémol* fait la différence dans le premier changement, & dans le ſecond un ſeul *dieze* diſtingue la nouvelle gamme de la gamme du ton quitté.

Si la quinte *mi* devient tonique nouvelle, ſon mode mineur eſt plus immédiate que ſon mode majeur, mais l'un & l'autre ſuccedent très-naturellement ; car le mode mineur n'exiſte plus pur dans notre Muſique, on y fait continuellement une exception ſur la ſeptieme note, pour la rendre ſenſible & ſemblable à la ſeptieme note des tons majeurs ; cette exception ſe fait ſur-tout immédiatement avant l'octave ou la tonique finale ; dans notre ton *la* elle familiariſe l'oreille avec le troiſieme *dieze ſoldieze*, au point qu'après *la ut mi*, la prononciation *mi ſoldieze ſi* paroît auſſi & même plus naturelle que la prononciation *mi ſol ſi*.

54. D'après ces notions, j'établis deux regles générales ſur la marche naturelle des tons ; ce ſont deux corollaires qui coulent de ſources , & non pas deux précéptes deſpotiques & aveugles.

Premiere regle.

En quittant un ton majeur, on peut prendre chaque note de ſa gamme pour tonique nouvelle, avec la reſtriction que le mode de la quarte & de la quinte ſoit majeur auſſi, & que le mode des autres notes de ſa gamme ſoit mineur.

Deuxieme regle.

En quittant un ton mineur, on peut prendre chaque note de ſa gamme pour tonique nouvelle ; le mode de la quinte peut être indifféremment majeur & mineur, mais celui de la quarte & de la ſeconde doit être ſemblable, (c'eſt-à-dire, mineur auſſi,) & celui des autres notes de ſa gamme doit être majeur.

55. Ces changemens naturels ne ſont

pas également doux à l'oreille, le plus & le moins dépend un peu du changement qu'il faut faire d'une intonation à l'autre. Si le ton de la tierce ou celui de la ſixte ſuccede à un ton quelconque, il ne faut changer qu'une ſeule note de la conſonnance des ſons de la nature, pour avoir l'intonation nouvelle : exemple.

UT, ton majeur.......... UT MI SOL.
Mi tierce, tonique nouvelle.. *mi ſol ſi.*
La ſixte, tonique nouvelle... *la ut mi.*

LA, ton mineur........... LA UT MI.
Ut tierce, tonique nouvelle... *ut mi ſol.*
Fa ſixte, tonique nouvelle... *fa la ut.*

Si le ton de la quarte ou celui de la quinte ſuccede à un ton quelconque, il en faut changer deux notes de la conſonnance des ſons de la nature, pour avoir l'intonation nouvelle : exemple.

UT, ton majeur.......... UT MI SOL.
Fa quarte, tonique nouvelle.. *fa la ut.*
Sol quinte, tonique nouvelle.. *ſol ſi ré.*

LA, ton mineur.......... LA UT MI.
Ré quarte, tonique nouvelle.. *ré fa la.*
Mi quinte, tonique nouvelle.. *mi ſol ſi.*

Si le ton de la ſeconde ou celui de la ſeptieme ſuccede à un ton quelconque, il faut changer toutes les trois notes de la conſonnance des ſons de la nature, pour avoir l'intonation nouvelle : exemple.

UT, ton majeur.......... UT MI SOL.
Ré ſeconde, tonique nouvelle. *ré fa la.*
Si ſeptieme, tonique nouvelle. *ſi ré fadieze.*

LA, ton mineur.......... LA UT MI.
Si ſeconde, tonique nouvelle. *ſi ré fadieze.*
Sol ſeptieme, tonique nouvelle. *ſol ſi ré.*

56. On peut faire encore un changement très-naturel ; en quittant un ton majeur, on peut lui faire ſuccéder le mineur de la même octave ; & en quittant un ton mineur, on peut lui faire ſuccéder le majeur de la même octave. Dans le premier cas, on ajoute ſubitement 3 *bémols* ; & dans le ſecond cas, on ajoute trois *diezes* ; cela dépaïſe

l'oreille ſans l'étonner ; la même tonique ſert aux deux modes ; un ſeul ſon de l'intonation baiſſe ou hauſſe d'un demi-ton, ſans changer le rang dans la gamme : exemple.

Ut, tonique... *ut mi ſol*.....majeur.
Ut, tonique... *ut mibémol ſol*..mineur.
La, tonique... *la ut mi*......mineur.
La, tonique... *la utdieze mi*...majeur.

L'oreille s'en accommode à merveille du changement de mode ; cela nous donne un ſeptieme changement naturel, en quittant un ton majeur ; & un huitieme changement naturel, en quittant un ton mineur.

57. Les 16 changemens qu'on peut faire encore en quittant un ton majeur, & les 15 qui reſtent à faire après un ton mineur, ſont des ſauts qui compoſent la marche extraordinaire. Les uns étonnent l'oreille, lui plaiſent & excitent ordinairement l'admiration ; les autres la bleſſent, la chagrinent & cauſent ſouvent le mécontentement.

58.

58. Divisons les sauts en deux espèces; les uns ont la tonique dans la gamme du ton quitté, mais le mode contraire aux regles énoncées (art. 54.); les autres plus brusques ont une tonique nouvelle, étrangere à la gamme du ton quitté.

En quittant un ton quelconque, on peut faire 10 sauts de la seconde espèce; on n'en peut faire que 6 de la premiere espèce après un ton majeur, & 5 seulement après un ton mineur.

On fait un saut de la premiere espèce, si on dit *la* majeur immédiatement après le ton majeur d'*ut*, c'est le saut de la sixte; & on fait un saut de la seconde espèce, si on dit *rébémol* majeur immédiatement après le ton mineur d'*ut*, c'est le saut majeur d'un demi-ton plus haut.

59. Les changemens extraordinaires de la premiere espèce sont les sauts de seconde, de tierce, de quarte, de sixte, de septieme; le saut de quinte ne peut se dire qu'en majeur, puisque les deux

modes de la quinte ſuivent naturellement tout ton mineur (art. 54).

Pour diſtinguer facilement les changemens extraordinaires de la ſeconde eſpèce, comptons-les par la diſtance qui ſépare les toniques nouvelles de la tonique du ton quitté, & diſons pour avoir les dix qui peuvent étonner après un ton majeur....

1°. Saut majeur, ſaut mineur d'un demi-ton plus haut.

2°. Saut majeur, ſaut mineur de trois demi-tons plus haut.

3°. Saut majeur, ſaut mineur d'un ton plus bas.

4°. Saut majeur, ſaut mineur de deux tons plus bas.

5°. Saut majeur, ſaut mineur de trois tons plus bas.

Les dix changemens extraordinaires de la ſeconde eſpèce après un ton mineur, ſont...

1°. Saut majeur, ſaut mineur d'un demi-ton plus haut.

2°. Saut majeur, saut mineur de deux tons plus haut.

3°. Saut majeur, saut mineur d'un demi-ton plus bas.

4°. Saut majeur, saut mineur de trois demi-tons plus bas.

5°. Saut majeur, saut mineur de trois tons plus bas.

60. Arrêtons un moment ici ; familiarisons nos yeux & nos doigts avec tous ces changemens ; prononçons sept fois sur notre instrument l'intonation d'un ton majeur ; d'*ut* par exemple (*k*) : quittons-le chaque fois pour prononcer l'intonation d'un des tons qui peuvent lui suc-

(*k*) On peut négliger la mesure, le choix des positions de l'harmonie, & mettre toujours la tonique à la basse : il s'agit ici de meubler la tête. Possédant les principes, nous formerons la chaîne des tons ; alors nous chercherons à plaire à l'oreille par la variété des mesures ; nous emploierons à la basse tous les 3 sons de la consonnance ; nous dirons à propos *ut mi sol*, *mi sol ut* & *sol ut mi*.

céder naturellement ; obſervons l'ordre qui ſuit...

Ut, *la* mineur, ſixte.
Ut, *mi* mineur, tierce.
Ut, *ſol* majeur, quinte.
Ut, *fa* majeur, quarte.
Ut, *ſi* mineur, ſeptieme.
Ut, *ré* mineur, ſeconde.
Ut, *ut* mineur, changement de mode.

Recommençons & prononçons notre ton 6 fois ; quittons-le chaque fois pour prononcer un des ſauts qui ont leur tonique dans la gamme du ton quitté ; obſervons l'ordre qui ſuit...

Ut, *la* majeur, ſaut de ſixte.
Ut, *mi* majeur, ſaut de tierce.
Ut, *ſol* mineur, ſaut de quinte.
Ut, *fa* mineur, ſaut de quarte.
Ut, *ſi* majeur, ſaut de ſeptieme.
Ut, *ré* majeur, ſaut de ſeconde.

Recommençons une ſeconde fois & prononçons notre ton majeur encore 10 fois ; quittons-le encore chaque fois pour prononcer un des ſauts qui ont leur tonique hors de la gamme du ton quitté; obſervons l'ordre qui ſuit...

Ut, *rébémol* majeur, ſaut majeur d'un demi-ton plus haut.

Ut, *mibémol* majeur, ſaut majeur de trois demi-tons plus haut.

Ut, *ſibémol* majeur, ſaut majeur d'un ton plus bas.

Ut, *labémol* majeur, ſaut majeur de deux tons plus bas.

Ut, *ſolbémol* majeur, ſaut majeur de trois tons plus bas.

Ut, *utdieze* mineur, ſaut mineur d'un demi-ton plus haut.

Ut, *rédieze* mineur, ſaut mineur de trois demi-tons plus haut.

Ut, *ſibémol* mineur, ſaut mineur d'un ton plus bas.

Ut, *ſoldieze* mineur, ſaut mineur de deux tons plus bas.

Ut, *fadieze* mineur, ſaut mineur de trois tons plus bas.

61. Exerçons-nous auſſi avec les changemens d'un ton mineur ; prenons pour exemple le ton mineur de *la ;* prononçons huit fois ſur notre inſtrument ſon intonation ; quittons-le chaque fois pour prononcer l'intonation d'un des tons qui peuvent lui ſuccéder naturellement ; obſervons l'ordre qui ſuit...

La, *ut* majeur, tierce.
La, *fa* majeur, ſixte.
La, *mi* mineur, quinte.
La, *ré* mineur, quarte.
La, *mi* majeur, majeur de quinte.
La, *ſol* majeur, ſeptieme.
La, *ſi* mineur, ſeconde.
La, *la* majeur, changement de mode.

Recommençons & prononçons notre ton 5 fois ; quittons-le chaque fois pour prononcer un des ſauts qui ont leur tonique dans la gamme du ton quitté ; obſervons l'ordre qui ſuit...

La, *ut* mineur, ſaut de tierce.
La, *fa* mineur, ſaut de ſixte.

La, *ré* majeur, ſaut de quarte.
La, *ſol* mineur, ſaut de ſeptieme.
La, *ſi* majeur, ſaut de ſeconde.

Recommençons une ſeconde fois & prononçons notre ton mineur encore 10 fois; quittons-le encore chaque fois pour prononcer un des ſauts qui ont leur tonique hors de la gamme du ton quitté; obſervons l'ordre qui ſuit...

La, *ſibémol* mineur, ſaut mineur d'un demi-ton plus haut.

La, *utdieze* mineur, ſaut mineur de deux tons plus haut.

La, *ſoldieze* mineur, ſaut mineur d'un demi-ton plus bas.

La, *fadieze* mineur, ſaut mineur de trois demi-tons plus bas.

La, *mibémol* mineur, ſaut mineur de trois tons plus bas.

La, *ſibémol* majeur, ſaut majeur d'un demi-ton plus haut.

La, *rébémol* majeur, ſaut majeur de deux tons plus haut.

La, *labémol* majeur, ſaut majeur d'un demi-ton plus bas.

La, *ſolbémol* majeur, ſaut majeur de trois demi-tons plus bas.

La, *mibémol* majeur, ſaut majeur de trois plus bas (*l*).

(*l*) Si cette Muſique barbare ennuie mon Diſciple, je me mets devant le Piano; je le prie de me dicter tous ces changemens; j'anime un peu les prononciations par la meſure & par le mouvement; je varie les poſitions de l'harmonie; je les fais ſuccéder les unes aux autres le plus naturellement, de proche en proche; quelquefois je choiſis les plus avantageuſes; j'emploie à la baſſe indifféremment les 3 ſons des conſonnances; je fais marcher la baſſe tantôt par ton, tantôt par demi-ton. Je prends pour exemple les mêmes tons *ut* & *la*, ou bien je pars à la volonté de mon Maître, de *ré*, de *mi*, de *fa*, de *ſol*, de *ſi*, d'*utdieze*, de *ſolbémol*, &c. tant majeurs que mineurs; même ſous ſon bon plaiſir, je mêle enſemble les art. 60 & 61; je romps la marche naturelle par des ſauts; aux ſauts je fais ſuccéder des changemens ordinaires, & avec tous les changemen

62. Dans la marche musicale ces changemens ne sont pas employés aussi souvent les uns que les autres ; parmi les naturels les plus usités sont les changemens sur la quinte & sur la quarte ; les plus rares sont les changemens sur la seconde & sur la septieme ; le changement de mode, les changemens sur la sixte & sur la

---

je fais une suite, prenant chaque fois le nouveau ton pour principal, que je quitte à son tour pour un nouveau changement, sans revenir à l'éternel premier ton majeur, ni au triste premier ton mineur. Je me dicte à haute voix, ordinairement mon Disciple entremêle sa dictée avec la mienne ; s'il insiste aux changemens doux, je l'interromps avec les sauts les plus extraordinaires ; s'il veut du bizarre, après l'avoir satisfait, je m'arrête aux changemens ordinaires les plus agréables.

Peu à peu mon Disciple se familiarise avec tous les changemens, distingue les plus flatteurs, & conçoit l'utilité des autres. Je n'insiste plus, nous abandonnons notre Musique vague qui est barbare malgré tout embellissement. Nous allons aux articles suivans.

tierce ſont à-peu-près également fréquens. Les ſauts ne ſont pas tous employés : les plus uſités ſont les ſauts de la ſixte, de la ſeconde, de la tierce, & le ſaut majeur d'un ton plus bas après un ton majeur; & après un ton mineur, les plus fréquens ſont le ſaut majeur d'un demi-ton plus haut & le ſaut de la ſeptieme (*m*).

63. Réduiſons tous ces changemens à quelques chefs pour aider la mémoire dans la chaîne des tons.

(*m*) A-t-on tort? A-t-on raiſon d'en uſer ainſi? C'eſt ce qu'on pourra décider par la ſuite : car j'eſpere qu'on bannira enfin les regles avec leſquelles on voudroit borner le génie des Eleves, pour mettre en place toutes les reſſources & toute la richeſſe de l'art. En attendant, ſuivons l'uſage & bornons notre marche aux changemens uſités : s'il nous venoit en fantaiſie de nous écarter un peu de la route ordinaire, craignons qu'on ne nous diſe qu'il ne vaut pas la peine d'être neuf pour ſi peu de choſe; ſongeons que le génie ſeul a le ſecret de choiſir & de placer à propos.

Les changemens naturels ſur la quarte & ſur la quinte vont du majeur au majeur, & du mineur au mineur ; ſi le majeur de la quinte ſuccede auſſi par fois au ton mineur, le mode ſemblable eſt pourtant plus naturel ; la marche fondée ſur ces changemens eſt en muſique la ligne droite.

Les changemens naturels qu'on fait ſur la tierce, ſur la ſixte & ſur la ſeptieme, vont du majeur au mineur & du mineur au majeur ; celui qu'on fait ſur la ſeconde ſuit la même loi, en quittant un ton majeur ; ce ſont en muſique les détours qu'on fait à l'aigu & au grave.

Tous les changemens de tons peuvent donc s'exprimer par les 5 points ſuivans.

1°. Ligne droite de quarte.

2°. Ligne droite de quinte.

3°. Détours.

4°. Changement de mode.

5°. Sauts.

64. Partons à préſent d'un ton quelconque, & ſuivons douze fois la dictée

du premier point ; nous reviendrons à notre premier ton après avoir passé par tous les tons semblables, & nous aurons fait la chaîne la plus naturelle, le cercle des 12 tons majeurs ou des douze tons mineurs. Nous aurons le même cercle, en suivant 12 fois la dictée du second point.

Pour avoir une chaîne naturelle la plus générale possible, le cercle des 24 tons, il faut en partant d'un ton quelconque suivre 24 fois la dictée du troisieme point, & dire chaque fois détour au grave sur la sixte ; on reviendra au premier ton, après avoir passé par tous les tons majeurs & mineurs.

On peut aussi faire le cercle des 24 tons, en mêlant ensemble le deuxieme & quatrieme point, partant d'un ton majeur & disant alternativement changement de mode & majeur de la quinte.

65. Il faut répéter souvent ces chaînes de tons, & prononcer chaque fois les intonations sur l'instrument : la suite na-

turelle des consonnances n'est pas indifférente ; elle exerce l'oreille & peut lui plaire, si la marche de la basse est bien ordonnée avec celle des notes de l'harmonie, si les positions se succedent naturellement, & si les temps de la mesure sont un peu embellis & variés suivant les articles 41, 42, 43 & 44.

66. Dans la succession des harmonies liées entre elles il n'est pas arbitraire de dire *ut mi sol*, *mi sol ut* ou *sol ut mi*; après avoir dit *fa la ut*, la position *mi sol ut* est la plus naturelle; disant ainsi la seconde harmonie, deux sons de la premiere descendent de ton, de demi-ton, & font un chant simple de gamme, le chant *la sol*, *fa mi* : *fa ut* est une basse très-bien ordonnée dans la succession de ces deux harmonies, si le *fa* est d'une octave plus grave que son harmonie, & si l'*ut* est d'une quinte plus aigu que le *fa*.

Après avoir dit *sol si ré*, la position *sol ut mi* est la plus naturelle ; disant ainsi la seconde harmonie, deux sons de la premiere montentde demi-ton, de ton, & font un chant simple de gamme, le chant *si ut*, *ré mi* : *sol ut* est une basse très-bien ordonnée dans la succession de ces deux harmonies, si le *sol* est d'une octave plus grave que son harmonie, & si l'*ut* est d'une quinte plus grave que le *sol*.

Ut mi sol suit naturellement la consonnance de *sol* prononcée dans la position *si ré sol*.

67. Les premieres notes ne figurent pas toujours bien à la basse dans la succession des harmonies : toutes les trois notes sont nécessaires pour la marche des consonnances ; la basse ordonnée ne va pas toujours comme l'harmonie, la même note sert souvent de basse à deux & à trois harmonies différentes ; une autre fois les notes de la basse montent ou descendent d'un ton, d'un demi-ton, d'une tierce, tandis que l'harmonie marche par quarte ou par quinte. La chaîne harmo-

nique la mieux ordonnée eſt celle dans laquelle les notes de la baſſe ont une marche oppoſée à celle des notes de l'harmonie ; ſi ces dernieres deſcendent, les notes de la baſſe doivent monter ; & ſi celles - ci deſcendent, les notes de l'harmonie qui marchent, doivent monter.

68. Prononçant la chaîne des conſonnances ſur l'inſtrument, il faut éviter les ſons les plus aigus & les ſons les plus graves ; les trois octaves de *fa* qui compoſent avec un *ſol* aigu l'étendue des voix, ſont l'étendue naturelle du diſcours harmonique.

La baſſe & l'harmonie peuvent être dans la même octave, mais leur plus grand éloignement eſt indiqué par l'intonation du corps ſonore qui comprend 3 ſons à la diſtance de 1, 12 & 17 ; le plus grave eſt éloigné du plus aigu de deux octaves & d'une tierce.

Approchant la baſſe & l'harmonie, le rapport naturel ſe fortifie ; on l'affoiblit, ſi on les éloigne.

Dans la marche harmonique il vaut mieux interrompre la ſuite naturelle des poſitions, & mal ordonner la baſſe, que d'y mêler des ſons trop aigus ou trop graves; d'ailleurs on peut éviter les extrêmes de l'inſtrument, en répétant une conſonnance & baiſſant la poſition; répétant la note de baſſe, on peut lui ſubſtituer un uniſſon plus aigu.

Si les deux mains s'approchent de trop près, il faut encore interrompre la ſuite naturelle des poſitions, ou répéter la note de baſſe & lui ſubſtituer un uniſſon plus grave, ou répéter la conſonnance & hauſſer ſa poſition.

69. Poſſédant ces remarques ſur le choix des poſitions harmoniques & ſur la maniere de bien ordonner la baſſe, le Lecteur voudra peut-être recommencer l'article 64, & eſſayer ſur ſon inſtrument les chaînes générales avec la baſſe & les poſitions ordonnées; je vais ſeconder ſon envie avec les exemples ſuivans...

1°. *Ligne*

1°. *Ligne droite de quinte, chaîne naturelle des 12 tons majeurs prononcés par leurs intonations, la basse ordonnée avec les positions de l'harmonie.*

TONIQUES.	BASSES.	CONSONNANCES.
Ut........	*ut....*	*sol* ut *mi.*
Sol.......	*ré....*	sol *si* *ré.*
Ré.......	*ré....*	*fa-dieze la* ré.
La........	*mi....*	*mi* la *ut-d.*
Mi........	*mi....*	mi *sol-d.* *si.*
Si........	*fa-d..*	*ré-d. fa-d.* si.
Fa-dieze....	*fa-d..*	*ut-d.* fa-d. *la-d.*
Ut-d......	*sol-d...*	ut-d.*mi-d.sol-d.*
{ Sol-d.....	*sol-d...*	. . .
{ La-bémol..	*la-b...*	*ut* *mi-b.* la-b.
Mi-b......	*si-b...*	*si-b.* mi-b. *sol.*
Si-b......	*si-b....*	si-b. *ré* *fa.*
Fa........	*ut....*	*la* *ut* fa.
Ut.......	*ut....*	*sol* ut *mi.*

Je conserve le caractere du fond du livre pour la premiere & principale note des consonnances, tandis que les deux autres sont écrites en italique. Dans les exemples suivans le même caractere distinguera les principales notes harmoniques, toutes les fois qu'il y aura choix & mêlange de positions.

2°. *Ligne droite de quarte, chaîne naturelle des 12 tons majeurs prononcés par leurs intonations, la basse ordonnée avec les positions de l'harmonie.*

TONIQUES.	BASSES.	CONSONNANCES.
Ut......	*ut*...	*mi sol* ut.
Fa.......	*la*....	fa *la ut.*
Si-bémol..	*si-b*..	*ré fa* si-b.
Mi-b....	*sol*...	mi-b. *sol si-b.*
La-b.....	*la-b*..	*ut mi-b.* la-b.
Ré-b....	*fa*...	ré-b. *fa la-b.*
Sol-b.....	*sol-b*..	*si-b. ré-b.* sol-b.
Ut-b.....	*mi-b*...	ut-b. *mi-b. sol-b.*
{ Fa-b.....	*fa-b*..	. . . . .
{ Mi.......	*sol-d*..	*si* mi *sol-d.* mi *sol-d. si.*
La.......	*la, la*..	*ut-d. mi* la.
Ré.......	*fa-d.*	ré *fa-d. la.*
Sol.......	*sol*..	*si ré* sol.
Ut.......	*ut*...	ut *mi sol.*

Cette marche engendre les *bémols* : arrivé en *fabémol*, je me repoſe un peu ſur la baſſe, puis je métamorphoſe les 8 *bémols* en 4 *diezes* ; je répete l'intonation de *mi* pour remonter la poſition ; en *la* je répete auſſi la baſſe, la ſeconde fois je la frappe à une octave plus haut, pour rapprocher la main gauche de la droite, car au ton précédent il falloit dire *ſol-dieze* au grave, pour aller en ſens contraire avec les notes de l'harmonie.

3°. *Ligne droite de quinte, chaîne naturelle des 12 tons mineurs prononcés par leurs intonations, la baſſe ordonnée avec les poſitions de l'harmonie.*

TONIQUES.	BASSES.	CONSONNANCES.		
La.......	*la*......	*ut*	*mi*	la.
Mi.......	*mi*.....	*ſi*	mi	*ſol.*
Si.......	*fa-dieze*..	*ré*	*fa-d.*	ſi.
Fa-dieze...	*fa-d*....	*utd.*	fa-d.	*la.*
Ut-d.....	*mi*.....	*mi*	*ſol-d.*	ut-d.
Sol-d.....	*ſi*......	*ré-d.*	ſol-d.	*ſi.*

TONIQUES.	BASSES.	CONSONNANCES.
Ré-d.	*la-d*. .	*fa-d. la-d.* ré-d.
La-d.	*la-d*. .	*mi-d.* la-d. *ut-d.*
{ Mi-d.	*ſi-d*. . .	
{ Fa.	*ut*. . . .	fa. *la-b. ut.*
Ut.	*ut*. . . .	*mi-b. ſol* ut.
Sol.	*ſol*. . . .	*ré* ſol *ſi-b.*
Ré.	*la*. . . .	ré *fa la.*
La.	*la*. . . .	*ut mi* la.

Ici la marche de la baſſe n'eſt pas uniforme. La main droite évite la pente naturelle vers le grave, jettant 3 fois à l'aigu la note commune aux deux harmonies.

4°. *Ligne droite de quarte, chaîne naturelle des 12 tons mineurs prononcés par leurs intonations, la baſſe ordonnée avec les poſitions de l'harmonie.*

TONIQUES.	BASSES.	CONSONNANCES.
La.	*la*. . . .	*ut mi* la.
Ré.	*la*. . . .	ré *fa la.*

TONIQUES.	BASSES.	CONSONNANCES.
Sol.......	*sol....*	*ré* sol *si-b.*
Ut.......	*sol....*	*mi-b. sol* ut.
Fa.......	*fa....*	*ut* fa *la-b.*
Sib.......	*fa....*	*ré-b. fa* si-b.
Mi-b.....	*mi-b..*	mi-b. *sol-b. si-b.*
La-b.....	*mi-b..*	*mi-b.* la-b. *ut-b.*
Ré-b......	*ré-b...*	. . . .
Ut-d......	*ut-d ..*	*mi sol-b.* ut-d.
Fa-d......	*ut-d...*	*ut-d.* fa-d. *la.*
Si........	*si.....*	*ré fa-d.* si.
Mi.......	*si.....*	*si* mi *sol.*
La.......	*la....*	*ut mi* la.

La basse descend après avoir servi à deux tons ; les sons de l'harmonie montent naturellement, mais jettant 3 fois au grave la note commune à deux intonations, la même position mise dans la même octave commence & finit la marche.

5°. *Changement de mode & ligne de quinte, chaîne générale des 24 tons prononcés par leurs intonations, la basse ordonnée avec les positions de l'harmonie.*

TONIQUES.	BASSES.	CONSONNANCES.
Ut.......	*ut....*	*sol* ut *mi.*
Ut.......	*ut....*	*sol* ut *mi-b.*
Sol.......	*ré....*	sol *si* *ré.*
Sol.......	*ré....*	*si-b.* *ré* sol.
Ré.......	*ré....*	*la* ré *fa-d.*
Ré.......	*ré....*	*la* ré *fa.*
La.......	*mi....*	la *ut-d.* *mi.*
La.......	*mi....*	*ut* *mi* la
Mi.......	*mi....*	*si* mi *sol-d.*
Mi.......	*mi....*	*si* mi *sol.*
Si........	*fa-d..*	si *ré-d.* *fa-d.*
Si........	*fa-d...*	*ré* *fa-d.* si.
Fa-dieze...	*fa-d..*	*ut-d.* fa-d. *la-d.*
Fa-d......	*fa-d...*	*ut-d.* fa-d. *la.*
Ut-d......	*sol-d...*	ut-d. *mi-d.* *sol-d.*
Ut-d......	*sol-d..*	*mi.* *sol-d.* ut-d.
{ Sol-d.....	*sol-d...*	. . . .
{ La-bémol.	*la-b...*	*mi-b.* la-b. *ut.*
La-b..... ..	*la-b...*	*mi-b.* la-b. *ut-b.*
Mi-b.....	*si-b...*	mi-b. *sol.* *si-b.*
Mi-b......	*si-b...*	*sol-b.* *si-b.* mi-b.
Si-b......	*si-b...*	*fa* si-b. *ré.*

TONIQUES.	BASSES.	CONSONNANCES.		
Si-b......	*si-b...*	*fa*	si-b.	*ré-b.*
Fa.......	*ut....*	fa	*la*	*ut.*
Fa.......	*ut....*	fa	*la-b.*	*ut.*
Ut.......	*ut....*	*mi*	*sol.*	ut.

Dans cette chaîne je contrarie encore la marche naturelle des positions; je jette par fois à l'aigu la note còmmune aux deux intonations voisines; par ce moyen les deux mains montent, en observant pourtant la regle du sens contraire (art. 67.) : pour éviter le trop aigu & le trop grave, je prononce la premiere intonation sur le milieu du clavier, mettant la basse le plus près possible de l'harmonie.

6°. *Détour à la sixte, chaîne générale des 24 tons prononcés par leurs intonations, la basse ordonnée avec les positions de l'harmonie.*

TONIQUES.	BASSES.	CONSONNANCES.		
Ut.......	*ut....*	*mi*	*sol*	ut.
La.......	*ut....*	*mi*	la	*ut.*

TONIQUES.	BASSES.	CONSONNANCES.		
Fa	*la*	fa	*la*	*ut*.
Ré	*la*	*fa*	*la*	ré.
Si-bémol ..	*ſi-bémol*.	*re*	*fa*	ſi-b.
Sol	*ſi-b* ...	*ré*.	ſol	*ſi-b*.
Mi-b	*ſol*	mi-b.	*ſol*	ſib.
Ut	*ſol*	*mi-b*.	*ſol*	ut.
La-b	*la-b* ...	*ut*	*mi-b*.	la-b.
Fa	*la-b* ...	*ut*	fa	*la-b*.
Ré-b	*fa*	ré-b.	*fa*	la-b.
Si-b	*fa*	*ré-b*.	*fa*	ſi-b.
Sol-b	*ſol-b* ..	*ſi-b*.	*re-b*.	ſol-b.
Mi-b	*ſol-b* ..	*ſi-b*.	mi-b.	*ſol-b*.
Ut-b	*mi-b* ...	ut-b.	*mi-b*.	*ſol-b*.
La-b	*mi-b* ..	*ut-b*.	*mi-b*.	la-b.
{ Fa-b	*fa-b* ..	.	. .	. .
{ Mi	*mi*	*ſol-d*.	*ſi*	mi.
Ut-dieze ..	*mi*	*ſol-d*.	ut-d.	*mi*.
La	*ut-d* ...	la	*ut-d*.	*mi*.
Fa-d	*ut-d* ...	*la*	*ut-d*.	fa-d.
Ré	*ré*	*fa-d*.	*la*	ré.
Si	*ré*	*fa-d*.	ſi	*ré*.
Sol	*ſi*	ſol.	*ſi*	*ré*.
Mi	*ſi*	*ſol*	*ſi*	mi.
Ut	*ut*	*mi*	*ſol*.	ut.

Je fais toujours une pauſe quand je métamorphoſe les *bémols* en *diezes*, ou les *diezes* en *bémols :* ici je m'arrête un peu ſur *fa-bémol* que je nomme enſuite *mi* dans le commencement d'une autre meſure ; par ce moyen je n'apperçois plus la ſuite ; je me crois dans une route toute nouvelle...... Cette précaution eſt eſſentielle pour bien meſurer ces ſortes de tranſitions, & pour faire ſentir leur effet ; car l'oreille & les yeux pourroient ſe tromper, ſi on diſoit de ſuite & ſans interruption un ton *diézé* dans l'ordre des tons *bémoliſés*, ou bien un ton *bémoliſé* dans l'ordre des tons *diézés*.

70. On a encore une autre chaîne générale très-naturelle de tous les 24 tons, ſi on mêle enſemble le ſecond & le troiſieme point ; partant d'un ton majeur, d'*ut* par exemple, & diſant alternativement détour à l'aigu ſur la tierce & majeur de la quinte, on revient en *ut*, après avoir paſſé par tous les tons

majeurs & mineurs. Cette chaîne de tons prononcés n'eſt pas indifférente, ſi la baſſe deſcend toujours *chromatiquement*, (c'eſt-à-dire, d'un demi-ton) ; elle n'eſt pas difficile à concevoir, ſi on place la *tranſition*, (c'eſt-à-dire, la métamorphoſe d'un ton *diézé* en un ton *bémoliſé*, ou la métamorphoſe d'un ton *bémoliſé* en un ton *diézé*), toutes les fois que la tonique ſeroit note *dieze*, de ſorte que toutes les toniques ſoient ou notes naturelles, ou notes *bémoles*.

Dans cette chaîne ſi on paſſoit par le relatif au lieu du détour ſur la tierce, on auroit le même cercle réſerré & encore une ſuite naturelle de conſonnances ; après 5 tons intermédiaires on reviendroit au premier ton.

Dans ce cercle réſerré ſi on retranchoit les relatifs, il ne reſteroit que 2 tons intermédiaires, & on auroit une marche extraordinaire ; 3 fois de ſuite le ſaut de la tierce produiſant 4 *diezes* à chaque pas, le troisieme saut par le moyen de la *transition* ramene nécessairement le premier ton. L'effet de cette chaîne extraordinaire est étonnant, si on répete plusieurs fois chaque intonation variant les positions & les basses. Dans notre exemple après avoir prononcé & répété *ut*, *mi sol*, *sol ut mi* & *mi sol ut* pour les basses *ut*, *mi* & *sol*, il faut s'arrêter sur la premiere position *ut mi sol* & sur la basse *mi* (la tierce ou le milieu de l'harmonie); alors pour avoir l'intonation suivante, il ne faut changer que le son le plus grave & le son le plus aigu de l'harmonie, baissant d'un demi-ton le premier & haussant le dernier d'un demi-ton, sans y toucher à la basse, & on aura pour le premier saut de tierce *si mi soldieze* la tonique *mi* à la basse : continuant la chaîne extraordinaire, il faut prononcer plusieurs fois l'intonation de *mi*, varier les positions de l'harmonie vers l'aigu & vers le grave, donner ſucceſſivement tous les ſons de la nature à la baſſe, s'arrêter enfin ſur la poſition *mi ſol-dieze ſi* & ſur la baſſe *ſol-dieze*, dire pour le ſaut ſuivant *ré-dieze ſol-dieze ſi-dieze* conſervant la même baſſe *ſol-dieze* : ici il faut placer la *tranſition* & dire, en répétant l'intonation, *mi-bémol la-bémol ut*, s'arrêter ſur la poſition *la-bémol ut mi-bémol*, & ſur la baſſe *ut*, dire pour le troiſieme & dernier ſaut *ſol ut mi*, en conſervant la baſſe *ut*.

71. Le troiſieme & le quatrieme point répétés 4 fois donnent auſſi une chaîne naturelle, un cercle réſerré de 8 tons dont la ſuite des ſimples intonations n'eſt pas ſans mérite ; partant d'un ton majeur & diſant alternativement relatif, changement de mode, on revient par une marche uniforme au premier ton, après avoir paſſé par 7 tons intermédiaires.

Dans ce cercle réſerré ſi on retranchoit les relatifs, il ne reſteroit que 3 tons intermédiaires, & on auroit une marche extraordinaire, 4 fois de ſuite le ſaut de la ſixte, produiſant 3 *dieʒes* à chaque pas, le quatrieme ſaut par le moyen de la *tranſition* tombe néceſſairement ſur le premier ton.

Prononçant ſur le *clavecin* la ſuite d'intonations de cette chaîne, chacun pourra de lui-même ordonner la baſſe avec les poſitions des harmonies ; ſon oreille ſera ſatisfaite de tous les choix.

72. Etant familiariſé avec ces chaînes de tons prononcés, on trouvera aiſément les intermédiaires entre 2 tons donnés : partant d'un ton on arrivera de 4 manieres à un autre quelconque ; du naturel, *par exemple*, on arrivera à tous les 7 *dieʒes* ; 1°. par gradation, en prenant le grand chemin & changeant 7 fois de ton ſur la quinte ; 2°. en prenant le chemin naturel le plus court, & paſſant ſeulement par les relatifs pour faire à la fois 4 *dieʒes* avec le majeur de la quinte, & puis encore à la fois 3 *dieʒes* avec le

changement de mode, (c'eſt-à-dire, d'*ut* majeur en *utdieze* majeur par *la* mineur, *mi* majeur, & *utdieze* mineur); 3°. par une marche extraordinaire, omettant les relatifs & paſſant ſans intermédiaires du naturel à 4 *diezes* par le ſaut de la tierce, & de 4 *diezes* à 7 *diezes* par le ſaut de la ſixte, ou bien du naturel à 3 *diezes* par le ſaut de la ſixte, & puis de trois *diezes* à 7 *diezes* par le ſaut de la tierce, (c'eſt-à-dire, d'*ut* majeur en *utdieze* majeur par *mi* majeur ou par *la* majeur); 4°. par une marche partie naturelle & partie extraordinaire allant par ſaut d'*ut* en *la* 3 *diezes*, & paſſant par le relatif intermédiaire pour faire les 4 *diezes* qui reſtent à produire pour arriver en *utdieze*.

D'*ut* on arrivera en *ré-bémol*; 1°. par gradation, en prenant le grand chemin & changeant 5 fois de ton ſur la quarte; 2°. en prenant le chemin naturel le plus court, changeant de mode pour avoir tout de ſuite 3 *bémols*, & paſſant encore par un ton de 4 *bémols*, (c'eſt-à-dire, d'*ut* naturel en *ré bémol*, 5 *bémols* par *ut* mineur & par *la bémol* majeur ou par *fa* mineur); 3°. par extraordinaire, paſſant ſans tons intermédiaires du naturel à 5 *bémols*, par le ſaut majeur d'un demi-ton plus haut; 4°. en interpoſant le ton mineur d'*ut* pour avoir une marche mixte, compoſée d'un pas naturel d'*ut* en *ut* mineur, & d'un ſaut d'*ut* mineur en *ré-bémol* (*n*).

(*n*) Prononçant ſur le *clavecin* les intonations de ces chaînes de tons, on ſera peut-être ſurpris d'entendre deux effets ſi diſtinćts rendus par la même conſonnance; arrivé en *ré-bémol*, on ſe croira être dans un tout autre Pays que celui d'*ut-dieze*; mais appercevant que les mêmes touches rendent la conſonnance *ut-dieze mi-dieze ſol-dieze* & la conſonnance *ré-bémol fa la bémol*, on ne ſera pas tenté de dire que les toniques *ut-dieze* & *ré-bémol* ſont deux ſons réellement diſtinćts; on redoublera l'attention & on remarquera que les *dieзes* hauſſent les ſons, qu'ils augmentent à chaque changement dans la marche

D'*ut-dieze* 7 *diezes* on arrivera en *ut-bémol* ſept *bémols* par *ut-dieze* mineur, *la* majeur, *la* mineur, *fa* majeur, *fa* mineur, *ré-bémol* majeur & *ſi-bémol* mineur.

Le Lecteur qui a ſuivi les exemples précédens, verra bien que cette marche

---

d'*ut* à *ut-dieze* ; que les *bémols* baiſſent les ſons, & qu'ils augmentent à chaque changement dans la marche d'*ut* à *ré-bémol* ; bientôt l'imagination mettra l'Obſervateur en route, cheminant dans le ſentier des *diezes*, il s'élevera à chaque pas, & promenera ſes regards dans un horiſon toujours croiſſant ; marchant dans le chemin des *bémols*, un abîme s'ouvrira ſous ſes pas ; arrivé en *ré-bémol*, il ſera étonné de l'immenſité profonde, tandis qu'il admirera en *ut-dieze* la clarté brillante & pure d'une étendue infinie.

Après ce double voyage l'Obſervateur ne cherchera plus en Muſique une nouvelle cauſe pour chaque nouvel effet ; il ſoutiendra qu'un même ſon peut faire naître des ſenſations diverſes, que la maniere d'amener un ton prépare l'effet, que les tons intermédiaires dépaïſent l'oreille & achevent l'illuſion.

eſt naturelle juſqu'au dernier pas qui eſt extraordinaire, le ſaut majeur d'un demi-ton plus haut, il trouvera de lui-même les tons intermédiaires des trois autres manieres, & je crois que ces exemples lui ſuffiſent pour arriver par 4 routes à un ton quelconque, ſur-tout s'il ſe dit chaque fois. — Le ton que je quitte a dans ſa gamme tant de *diezes* ou tant de *bémols*; celui que je me propoſe pour but a dans ſa gamme tant de *diezes* ou tant de *bémols*; donc il faut que je produiſe ou que j'efface tant dansma marche —

73. Mêlant enſemble & répétant les changemens ordinaires & extraordinaires de tous les 5 points de l'article 63, on peut multiplier & varier à l'infini les exemples ſur l'enchaînement des tons; le labyrinthe des 24 tons eſt immenſe, allant tantôt par quarte, tantôt par quinte, tantôt par détour, tantôt par changement de mode, & tantôt par ſaut, on peut s'y promener de mille manieres diverſes;

par exemple, on peut commencer & dire un changement de chaque point, rompre enſuite les lignes droites, tantôt par un détour, tantôt par un changement de mode, & tantôt par un ſaut; faire après une marche avec le détour, changeant alternativement à l'aigu ſur la ſeconde, & au grave ſur la ſixte; mêler à celle-ci le changement de mode & des ſauts, &c.

Marchant ainſi au haſard & ſans deſſein, on trouve quelquefois des combinaiſons de tons très-heureuſes; faiſant une pauſe dans chacun, & prononçant ſon intonation ſur l'inſtrument, on a une chaîne de conſonnances qui peut intéreſſer l'oreille, quoiqu'indéterminée & très-vague, ſi on ordonne la baſſe avec les poſitions de l'harmonie, & ſi on anime un peu chaque intonation par la meſure & par le mouvement.

74. Veut-on plus de ſens dans la ſuite des conſonnances, il faut ſerrer le cercle des tons & ne pas parcourir dans le même

exemple un ſi grand eſpace, ordonner les intonations analogues & voiſines pour approcher la chaîne conſtructive des tons qui entrent dans la compoſition des morceaux uſités en Muſique; bornant l'attention, on peut la captiver; alors on peut perſuader & ſéduire. On pourroit, *par exemple*, bien captiver l'oreille avec les intonations naturelles des tons majeurs d'*ut*, de *fa*, de *ſol*, & avec celles des tons mineurs de *la*, de *ré* & de *mi*; toutes les ſix ſont voiſines & les plus analogues poſſibles, car toutes ſont compoſées de notes naturelles & ne renferment que des ſons d'une même gamme; mais on ne maîtriſe pas l'ame facilement avec une ſimple chaîne de conſonnances, le génie ſeul pourroit indiquer comment il faudroit les ordonner. Chacun pourtant peut eſſayer, & fera très-bien s'il cherche tout ſimplement à plaire à l'oreille; l'organe une fois charmé, le chemin du cœur eſt ouvert; alors le moindre mouvement ſuffit pour éveiller les paſſions; celles-ci excitées & calmées à propos, on diſpoſe du ſentiment.

75. Si le Lecteur eſt mécontent de ſa tentative, je vais lui donner du ſecours, & s'il en étoit ſatisfait, il ne ſera peut-être pas fâché de l'abondance de biens.

1°. Des 6 tons analogues ſpécifiés ci-deſſus, le ton majeur d'*ut* en eſt le principal ; il domine ſur les 5 autres, s'il concoure avec eux pour former une chaîne ; car ſi le ton de *fa* ou celui de *ré* dominoit, il y auroit un *bémol* dans la gamme ; par conſéquent, les conſonnances *ſol ſi ré* & *mi ſol ſi* ne pourroient plus concourir pour la formation de la chaîne propoſée ; ſi le ton de *ſol* ou celui de *mi* dominoit, il y auroit un *dieze* dans la gamme, & par conſéquent excluſion d'intonations des tons *fa* & *ré*. Si le ton *la* dominoit, il en faudroit une conſonnance qui renfermât ſa ſenſible *ſol-dieze* (art. 53.) ; mais ſi le ton *ut* domine, les intonations des 5 autres peuvent coopérer à la même chaîne, ſans altérer les ſons de ſa gamme.

Ut comme principal terminera le ſens muſical ; après les 5 autres tons analogues on placera les virgules, les points & virgules & les deux points. La conſonnance d'*ut* eſt la ſeule qui puiſſe être nommée *intonation* dans l'exemple des conſonnances analogues ſpécifiées ; terminant le ſens, elle figure pour le point ; celle de *ſol* ſera nommée conſonnance de la quinte, & figurera pour un répos de deux points, ſi elle termine une phraſe ou une portion de ſens ; celles de *fa* & de *la* ſeront les conſonnances de la quarte & de la ſixte, & figureront pour des repos du point & virgule, ou pour des repos ſuſpenſifs, ſi elles terminent une phraſe ; celles de *ré* & de *mi*, au lieu d'être nommées intonations des détours de ſeconde & de tierce, ſeront tout ſimplement nommées conſonnances de ſeconde & de tierce, & ne pourront figurer que comme repos de virgule.

2°. La conſonnance de la quinte *ſol* doit précéder immédiatement le repos final *ut mi ſol*, car les changemens de tons peuvent être regardés comme des fatigues : or, ſi les conſonnances de la tierce *mi* ou de la ſixte *la* précédoient, il n'y auroit qu'une note de changée (art. 55.), & par conſéquent la fatigue ſeroit trop petite pour exiger un repos final. Si la conſonnance de la ſeconde *ré* précédoit, toutes les 3 notes ſeroient changées ſelon le même article, & par conſéquent la fatigue ſeroit trop grande pour amener un bon repos. Si au contraire la conſonnance de la quinte *ſol* précede, un ſon eſt conſervé, & il y a une oppoſition avec les deux principaux ſons du repos ; par conſéquent la fatigue n'eſt ni trop petite, ni trop grande, mais ſuffiſante pour amener le repos : c'eſt peut-être par cette raiſon que la quinte eſt ſurnommée *dominante* en Muſique ; quoi qu'il en ſoit, je dirai conſonnance de dominante toutefois que la conſonnance de quinte amene immédiatement le repos final. Si la conſonnance de la quarte *fa* précédoit, il n'y auroit également qu'un ſeul ſon commun, mais ce ſeroit la tonique, le principal ſon du repos, & par conſéquent on n'auroit qu'une finale incomplette.

3°. La principale conſonnance *ut mi ſol* n'eſt pas toujours repos final, quoiqu'amenée par la conſonnance de la dominante *ſol*, il faut de plus que la tonique *ut* termine la baſſe & qu'elle ſoit amenée par la quinte *ſol*, premiere note de ſa conſonnance.

4°. Chaque conſonnance analogue, formant repos intermédiaire, peut être amenée par les 4 autres & même par la principale.

5°. L'intonation pour l'ordinaire commence & finit le ſens muſical; elle termine auſſi la plupart des phraſes intermédiaires & ſépare ſouvent les autres.

6°. La derniere phraſe du ſens muſical n'eſt pas toujours ſimple; ſouvent la conſonnance de la dominante *ſol* eſt précédée d'une, de deux, de trois & même de toutes les quatre consonnances analogues pour amener le repos final dans une double, triple, quadruple ou quintuple phrase; par fois l'intonation commence & finit la derniere phrase, & concoure avec toutes les 5 consonnances analogues pour ramener le repos final dans une phrase progressive. Un exemple de chacune de ces espèces de phrases pourroit peut-être encourager le Lecteur déja un peu dégoûté de ses propres tentatives : je vais tâcher de le ramener ; ayant un fonds il hasardera davantage. J'indiquerai les consonnances analogues avec leurs premieres & principales notes, qui peuvent en même temps lui servir de basses; s'il étoit tenté d'essayer ces phrases sur son instrument, il voudra bien se charger d'ordonner les positions des harmonies, & embellir le tout avec une mesure.

Exemples de phrases finales produites

*par les conſonnances analogues à l'intonation du ton majeur d'*UT.

<table>
<tr><td>Sol, conſonnance de dominante,
Ut, intonation.</td><td>Phraſe ſimple.</td></tr>
<tr><td>Ré, conſ. de ſeconde,
Sol, conſ. de dominante,
Ut, intonation.</td><td>Phraſe double.</td></tr>
<tr><td>La, conſ. de la ſixte,
Fa, conſ. de la quarte,
Sol, conſ. de dominante,
Ut, intonation.</td><td>Phraſe triple.</td></tr>
<tr><td>La, conſ. de ſixte,
Fa, conſ. de quarte,
Ré, conſ. de ſeconde,
Sol, conſ. de dominante,
Ut, intonation.</td><td>Phraſe quadruple.</td></tr>
<tr><td>La, conſ. de ſixte,
Mi, conſ. de tierce,
Fa, conſ. de quarte;
Ré, conſ. de ſeconde,
Sol, conſ. de dominante,
Ut, intonation.</td><td>Phraſe quintuple.</td></tr>
</table>

Ut, intonation, *Sol*, conſ. de quinte, *La*, conſ. de ſixte, *Mi*, conſ. de tierce, *Fa*, conſ. de quarte; *Ré*, conſ. de ſeconde, *Sol*, conſ. de dominante, *Ut*, intonation.	Phraſe progreſſive.

7°. Les phraſes intermédiaires peuvent auſſi être compoſées ou progreſſives, à la volonté du Producteur.

8°. Les repos intermédiaires ont les mêmes nuances que le repos final; les conſonnances qui les précedent & les amenent immédiatement, ont également une ou deux notes communes avec eux, ou bien elles demandent pour repos trois notes nouvelles. Le repos figure pour la moindre virgule, ſi la conſonnance analogue & appellante qui le précede, en eſt éloignée d'une tierce; il figure pour 2 points, pour la virgule ſuſpenſive ou interrogative, ſi elle en eſt éloignée ſeulement d'un *ton* ou d'un *demi-ton* ; & il sert de point toutefois qu'elle en est éloignée d'une quarte qui est la plus grande distance d'une consonnance analogue à son repos, car la quinte à l'aigu est la même chose que la quarte au grave, & la sixte à l'aigu se confond avec la tierce au grave, &c. La marche de la basse varie encore ces nuances de repos ; les premieres notes des consonnances les augmentent ; les secondes & troisiemes notes les affoiblissent ; ainsi on peut répéter plusieurs fois la même phrase, sans fatiguer l'oreille : répétant, *par exemple*, 7 fois la phrase simple spécifiée ci-dessus, les nuances feront disparoître la monotonie des continuelles *sol si ré*, *ut mi sol*, si la basse dit la premiere fois *ré mi*, *ré ut* la seconde fois, *fa mi* la troisieme fois, *si ut* la quatrieme fois, *sol mi* la cinquieme fois, & *sol sol* la sixieme fois, & *sol ut* la septieme & derniere fois.

9°. Meſurant la chaîne des conſonnances analogues, il faut commencer les meſures avec les intonations & avec les conſonnances repos ; les temps en levant ſont pour la fatigue. Faiſant par fois ſuccéder quelques conſonnances ſans intention de phraſe, il faut leur donner à chacune la même durée de meſure ou de temps.

76. Le Lecteur *Diſciple* voudra ſans doute recommencer à préſent, & ordonner une ſeconde fois les 6 conſonnances analogues pour en faire un diſcours. S'il étoit curieux de ſavoir auparavant comment je les ordonne moi-même, il pourroit conſulter l'exemple ſuivant. La premiere colonne renferme la ſuite des baſſes ; dans la ſeconde j'indique l'ordre & la répétition des conſonnances analogues. Je n'ai pas invoqué le génie, j'ai ſeulement mis en exemples les notions de l'article précédent.

Prononçant mon exemple ſur l'inſtrument, le *Disciple* se rappellant les notions des articles 41, 42, 43, 44, 66, 67 & 68, peut exercer son goût & son génie en ordonnant lui-même les positions des harmonies avec les basses, en ajoutant la mesure & le mouvement : je le prie seulement d'observer la ponctuation que j'ai mise à côté des notes de basses.

Chaîne ordonnée des six consonnances analogues ut mi sol, ré fa la, mi sol si, fa la ut, sol si ré & la ut mi.

BASSES. NOMS DES CONSONNANCES.

Ut,... intonation, consonnance principale.
Sol,.. consonnance de quinte.
Ut;.. conf. principale.
Sol:.. conf. de quinte.
La... conf. de quarte.
Sol,.. conf. principale.
Fa... conf. de seconde.
Mi,.. conf. principale.

BASSES.	NOMS DES CONSONNANCES.
Ré...	consonnance de quinte.
Ut,..	conf. principale.
Sol:..	conf. de quinte, *repos.*
Mi,..	conf. de la tierce.
Mi..	conf. de la sixte.
Mi,..	conf. de la tierce.
Fa...	conf. de seconde.
Mi,..	conf. de sixte.
Fa...	conf. de seconde.
Sol,..	conf. principale.
Sol...	conf. de quinte.
La;...	conf. de quarte, *repos suspensif.*
Si...	conf. de quinte.
Ut,..	conf. principale.
Fa...	conf. de quarte.
Sol..	conf. de dominante.
Ut.—	conf. principale, *repos final.*
La,..	conf. de sixte.
La...	conf. de seconde.
La...	conf. de sixte.
Sol,..	conf. de tierce.
Fa...	conf. de seconde.

BASSES.	NOMS DES CONSONNANCES.
Mi;..	consonnance principale.
Si...	conf. de quinte.
Ut...	conf. principale.
Sol:..	conf. de quinte, *repos.*
Ut...	conf. principale.
Sol...	conf. de quinte.
La...	conf. de sixte.
Mi...	conf. de tierce.
Fa...	conf. de quarte.
Ut;..	conf. principale.
Ré....	conf. de seconde.
La,..	conf. de sixte.
La...	conf. de seconde.
La...	conf. de sixte.
Sol,..	conf. de tierce.
Fa....	conf. de seconde.
Mi,..	conf. principale.
Fa....	conf. de seconde.
Sol,..	conf. principale.
Sol...	conf. de quinte.
La;..	conf. de sixte, *repos suspensif.*
Mi,..	conf. principale.

BASSES.	NOMS DES CONSONNANCES.
Fa....	consonnance de seconde.
Sol,..	conf. principale.
Sol...	conf. de dominante.
Ut.—	conf. principale, *repos final.*

77. Les 6 tons spécifiés (art. 74.) ne sont pas les seuls qui puissent être ordonnés en chaîne constructive ; chaque ton peut être regardé comme principal, & chaque principal a ses analogues qui sont en général tous les tons dont l'intonation ne renferme que des sons de sa gamme ; par conséquent, les analogues d'un ton majeur sont les changemens naturels de sa seconde, de sa tierce, de sa quarte, de sa quinte & de sa sixte, c'est-à-dire, les tons majeurs de sa quarte & de sa quinte, avec les tons mineurs de sa sixte, de sa tierce & de sa seconde. Les analogues d'un ton mineur sont également les changemens naturels de sa tierce, de sa quarte, de sa quinte, de sa

ſa ſixte & de ſa ſeptieme, c'eſt-à-dire, les tons mineurs de ſa quarte & de ſa quinte, avec les tons majeurs de ſa tierce, de ſa ſixte & de ſa ſeptieme.

Le ton majeur de la quinte eſt auſſi un ton très-analogue aux tons mineurs, car l'exception de la note ſenſible pour la ſeptieme eſt tellement uſitée aujourd'hui dans leurs gammes, qu'on peut la regarder comme une note eſſentielle au mode mineur; la ſenſible par exception précede toujours la tonique ou l'octave finale (art. 53.); donc la conſonnance majeure de la quinte doit précéder immédiatement la conſonnance principale dans les phraſes finales (art. 75.); parmi les conſonnances analogues à une intonation mineure, c'eſt elle qui eſt nommée conſonnance de dominante.

78. Les intonations analogues ne ſont pas toutes néceſſaires pour former une chaîne conſtructive, la conſonnance de la dominante avec la principale ſuffit pour faire un morceau; la même phraſe

harmonique répétée pour différentes baſſes peut exprimer tous les repos néceſſaires pour compléter le ſens muſical. L'exemple ſuivant dicté comme le précédent en eſt une preuve...

Conſtruction des deux conſonnances analogues , la ut mi & mi ſol-dieze ſi ordonnées.

BASSES.	NOMS DES CONSONNANCES.
La,..	intonation mineure de *la.*
Mi,..	conſonnance majeure de quinte.
La;..	conſ. principale.
Sol-d.	conſ. majeure de la quinte.
La,..	conſ. principale.
Si...	conſ. majeure de la quinte.
La,..	conſ. principale.
Sol-d.	conſ. majeure de la quinte.
La,..	conſ. principale.
Mi:...	conſ. de dominante.
Mi..	conſ. principale.
Mi.—	conſ. de dominante, *repos.*
Ut;..	conſ. principale.

BASSES.	NOMS DES CONSONNANCES.
Si...	consonnance majeure de la quinte.
La,..	conf. principale.
Mi..	conf. majeure de la quinte.
Ut,..	conf. principale.
Si...	conf. ma eure de la quinte.
La,..	conf. principale.
Sol-d.:	conf. de dominante, *repos*.
Si...	conf. majeure de la quinte.
Ut,..	conf. principale.
Si...	conf. majeure de quinte.
Ut(*o*),	conf. principale.
Si...	conf. majeure de quinte.
La;..	conf. principale.
Mi.:	conf. principale.
Mi..	conf. de dominante.
La.—	conf. principal, *repos final*.

(*o*) Ici comme dans l'écriture de tout langage, la virgule est répétée ; elle sépare des mots & des phrases ; elle indique des repos différents, sensibles par fois & souvent presqu'imperceptibles, mais distinguant toujours quelques parties

79. Ajoutant aux deux consonnances analogues de l'exemple précédent celle de la quarte, toutes les notes de la gamme peuvent entrer dans la marche de la basse, & le sens en sera plus complet : voici un exemple, je l'écris toujours

---

du discours ; les autres marques de la ponctuation, le point, le point & virgule avec les deux points servent aussi plusieurs fois dans le même morceau ; chacun indique également des repos plus ou moins grands, selon qu'il termine des parties plus ou moins complettes. Je n'emploie que ces quatre signes ; ils suffisent pour éclaircir le sens de toute construction harmonique. Si on les altère pour multiplier les marques de la ponctuation dans l'écriture de la langue parlée, c'est que l'expression de celle-ci est plus articulée & plus déterminée que l'expression du langage des sons, le sens de la Musique est toujours un peu vague & générique ; les sons captivent tous les sens, agitent le cœur & l'ame, mettent toutes les passions en mouvement ; l'imagination de l'Auditeur particularise & ajoute la parole qui seule peut développer les nuances & les gradations de nos facultés physiques & morales.

de la même maniere ; je choisis pour cette fois les intonations de *mi* mineur, de *la* mineur & de *si* majeur ; par conséquent la consonnance *mi sol si* sera principale, *si ré-dieze fa-dieze* sera la consonnance de la dominante, & *la ut mi* sera consonnance de la quarte ; la basse sera composée des notes de la gamme mineure de *mi*.

Construction de trois consonnances analogues.

BASSES. NOMS DES CONSONNANCES.

Mi,.. intonation mineure de *mi*.
Mi... consonnance de la quarte.
Mi,.. conf. principale.
Ré-d.. conf. majeure de la quinte.
Mi,.. conf. principale.
La... conf. de la quarte.
Mi,.. conf. principale.
Si... conf. majeure de la quinte.
Mi,.. conf. principale.
Fa-d.. conf. majeure de la quinte.

BASSES.	NOMS DES CONSONNANCES.
Sol,..	consonnance principale.
La...	conf. de la quarte.
Si:..	conf. de la dominante, *rep*
Sol,..	conf. principale.
La...	conf. de la quarte.
Sol,..	conf. principale.
Fa-d.	conf. majeure de la quinte.
Mi,..	conf. principale.
La...	conf. de la quarte.
Si,..	conf. principale.
Si...	conf. de la dominante.
Ut;..	conf. de la quarte, *suspension*.
Ré-d.	conf. majeure de la quinte.
Mi,..	conf. principale.
La...	conf. de la quarte.
Si...	conf de la dominante.
Mi.—	conf. principal, *repos final*.

80. L'intonation de la sixte concourt aussi très-souvent avec les deux analogues de l'article (78); le sens que peut faire la consonnance principale amenée par

celle de la dominante, eſt plus complet, ſi la conſonnance de la ſixte ſollicite auparavant le repos ſur la dominante, & ſi elle ſuſpend le repos final après la même dominante; dans l'exemple ſuivant la conſonnance de la ſixte ſollicite le repos ſur la dominante, ſuſpend le repos final, de plus elle concourt avec les conſonnances de quarte & de dominante, pour appeller le repos final dans une triple phraſe. L'intonation de *ré* mineur eſt principale; les deux conſonnances de la quinte, la majeure & la mineure ſont employées.

Conſtruction des conſonnances analogues les plus uſitées.

BASSES.	NOMS DES CONSONNANCES.
Ré,..	intonation mineure de *ré*.
Sol...	conſonnance de la quarte.
Ré,..	conſ. principale.
La...	conſ. majeure de la quinte.
Ré;..	conſ. principale.

BASSES.	NOMS DES CONSONNANCES.
Sol...	consonnance de la quarte.
Fa,..	conſ. principale.
Mi...	conſ. majeure de la quinte.
Ré,..	conſ. principale.
Si-b..	conſ. de la ſixte.
Sol...	conſ. de la quarte.
La...	conſ. de dominante.
Ré.—	conſ. principale, *repos*.
Ré,..	conſ. principale.
Ré....	conſ. de la quarte.
Ré....	conſ. principale.
Ut-d.;	conſ. majeure de la quinte.
Ré....	conſ. principale.
Ut....	conſ. mineure de la quinte.
Si-b.	conſ. de la ſixte.
La:..	conſ. majeure de quinte, *repo*.
Fa,..	conſ. principale:
Mi..	conſ. majeure de la quinte.
Ré....	conſ. principale.
Sol;..	conſ. de la quarte.
Ut-d.	conſ. majeure de la quinte.
Ré,..	conſ. principale.

BASSES.	NOMS DES CONSONNANCES.
Mi...	consonnance majeure de la quinte.
Fa;..	conf. principale.
Sol...	conf. de quarte.
La....	conf. principale.
La....	conf. de dominante.
Si-b.;	conf. de la fixte, *fufpenfion.*
Sol..	conf. de la quarte.
La,..	conf. principale.
La...	conf. de la dominante.
Ré.—	conf. principale, *repos final.*

81. La conftruction de la chaîne des tons ordonnés n'eft pas toujours auffi fimple; la baffe ne chante pas toutefois la même gamme d'un but à l'autre; le même morceau peut avoir plufieurs intonations principales. Souvent après quelques mefures la premiere intonation change; des tons intermédiaires fe fuccedent, fe mêlent avec le premier; tantôt la premiere intonation termine le morceau, & tantôt un ton nouveau fait la clôture;

par-tout les consonnances analogues peuvent se succèder, phraser, & amener les repos.

Dans l'exemple suivant le même ton commence & finit, c'est le ton majeur d'*ut*; les tons analogues *ré*, *mi*, *fa*, *sol* & *la* deviennent tour à tour principales intermédiaires; le premier ton reparoît de temps en temps, & avertit l'oreille de l'intonation principale; les tons intermédiaires sont aussi répétés, treize consonnances sont employées; la premiere & principale intonation *ut mi sol* devient sixte & dominante; la seconde *sol si ré* est tour à tour dominante & principale intermédiaire, elle fait aussi une fois repos de tierce; la consonnance *fa la ut* ne figure qu'en *ut* & en *fa*; *la ut mi* est employée comme sixte, comme quinte, comme quarte & comme principale intermédiaire; *ré fa la* est tantôt consonnance de seconde, tantôt consonnance de quarte, & trois fois principale intermédiaire; *mi sol si* est d'abord principale intermédiaire, long-temps après elle reparoît comme consonnance de quinte & devient presqu'aussi-tôt principale intermédiaire, donnant le ton une seconde fois : puis deux fois de suite elle n'est plus que consonnance de tierce ; *ré fa-dieze la*, *mi sol-dieze si*, *la ut-dieze mi* & *si ré-dieze fa-dieze* sont les dominantes en *sol*, en *la*, en *ré* & en *mi* ; *si ré fa-dieze* est consonnance de quinte en *mi* ; *si-bémol ré fa* comme consonnance de quarte, décide le ton *fa* ; enfin, la treizieme harmonie *sol si bémol ré* est employée comme consonnance de seconde en *fa*, & comme consonnance de quarte en *ré*.

Pour cette fois je change un peu l'écriture de l'exemple ; je nomme les notes des consonnances ; je marque les changemens des tons & les repos ; j'indique la basse & un choix de positions ; le Lecteur prononçant l'exemple sur l'instrument n'est chargé que de la mesure & du mouvement, & pour peu qu'il se rappelle les réflexions des articles, (67 & 68.) il placera la basse & les consonnances dans les octaves les plus propres à l'harmonie.

Chaîne ordonnée de 6 tons analogues construction de 13 consonnances.

BASSES. CONSONNANCES.

Ut... *mi sol* ut, intonation.
Sol,.. *ré* sol *si*.
Ré.... *fa la* ré, seconde, ton intermédiaire.
La,.. *mi* la *ut*.
Mi... *sol si* mi, tierce, ton intermédiaire.
Si... *Fa-d*. si *ré*.
Ut... *mi sol* ut.
Sol;.. *ré* sol *si*, repos.
Fa.... fa *la ut*.
Mi,.. *mi sol* ut, principale.
Ré.... *ré* sol *si*.
Ut,.. *mi sol* ut.
La... ré *fa-d*. *la*.
Sol.— *ré* sol *si*, quinte, ton intermédiaire.
Mi,.. *mi sol* ut, principale.
Fa,.. fa *la ut*.
Mi.. *mi sol* ut.
Fa;.. fa *la ut*, repos suspensif.
Fa-d.. ré *fa-d*. *la*.

BASSES. CONSONNANCES.

Sol, . *ré* ſol *ſi*, quinte, ton intermédiaire.
Fa-d.. ré *fa-d. la.*
Sol;.. *ré* ſol *ſi.*
Sol-d. mi *ſol-d. ſi.*
La,.. *mi* la *ut*, ſixte, ton intermédiaire.
Sol-d. mi *ſol-d. ſi.*
La;.. *mi* la *ut.*
Si... *ré* ſol *ſi.*
Ut,... *mi ſol* ut, principale.
Fa... fa *la ut.*
Sol... *ré* ſol *ſi.*
Ut.— *mi ſol* ut, repos final.
La... *ut-d. mi* la.
La... ré *fa la*, ſeconde, ton intermédiaire.
La:.. *ut-d. mi* la.
Sol.. *ré* ſol *ſi-b.*
Fa... ré *fa la.*
Mi.. *ut-d. mi* la.
Ré;.. ré *fa la*, repos.
Sol.. *ſi ré* ſol.
Sol... ut *mi ſol*, principale.
Sol:.. *ſi ré* ſol.

BASSES. CONSONNANCES.

Fa... *ut* fa *la*.
Mi.. ut *mi ſol*.
Ré.... *ſi ré* ſol.
Ut.— ut *mi ſol*, repos.
Mi... mi *ſol-d*. *ſi*.
Mi... *mi* la *ut*, ſixte, ton intermédiaire.
Mi... mi *ſol-d*. *ſi*.
Mi... *mi* la *ut*.
Ré;.. *fa la* ré, repos interrogatif.
Sol... *ré* ſol *ſi*.
Sol... *mi ſol* ut, principale.
Sol... *ré* ſol *ſi*.
Sol... *mi ſol* ut.
Sol:— *ré* ſol *ſi*, repos de dominante.
Ut... *mi ſol* ut.
Ré... *ré* ſol *ſi*.
Mi... *mi ſol* ut.
Fa... *fa la ut*.
Sol:.. *ré* ſol *ſi*.
Ré.... *fa la* ré, ſeconde, ton intermédiaire.
Mi... *mi la ut-d*.
Fa... *fa la* ré.

BASSES. CONSONNANCES.

Sol.. sol *si-b. ré.*
La:.. *mi* la *ut-d.* dominante, repos.
La... *mi* la *ut*, sixte, ton intermédiaire.
Sol... mi *sol si.*
Fa.... *fa la* ré.
Mi:.. mi *sol-d. si* mi, dominante, repos.
Mi .. mi *sol si*, tierce, ton intermédiaire.
Ré-d.. *ré-d. fa-d.* si.
Mi... mi *sol si.*
Ré.... *ré fa-d.* si.
Ut;.. *mi* la ut, repos suspensif.
Ré... *ré fa* si-b.
Ut,.. *ut* fa *la*, quarte, ton intermédiaire.
Si-b.. *ré* sol *si-b.*
La,.. *ut* fa *la.*
Si-b.. *ré* sol *si-b.*
Ut... ut *mi sol* ut.
Fa.— fa *la ut*, repos final.
Ré... *fa la* ré.
Ré... *ré* sol *si.*
Mi,.. ut *mi sol* ut, principale.
Fa... fa *la ut.*

BASSES.	CONSONNANCES.
Fa...	*fa la* ré.
Sol, .	*ré* ſol *ſi*.
Sol. .	mi *ſol ſi*.
La,..	*mi* la *ut*.
Si...	*ré* ſol *ſi*.
Ut,..	*mi ſol* ut.
Fa...	*fa la* ré.
Sol...	*ré* ſol *ſi*.
Ut.—	ut *mi ſol* ut, repos final.
Ut....	*mi ſol* ut.
Sol,..	*ré* ſol *ſi*.
La...	*ut mi* la.
Mi,..	*ſi* mi *ſol*.
Fa...	*la ut* fa.
Ut,..	*ſol* ut *mi*.
Sol...	ſol *ſi ré*.
Ut.—	*mi* ſol *ut*, repos.

Dans cet exemple les deux premiers changemens de tons ſont prononcés tout ſimplement par leurs intonations; le premier retour eſt annoncé par la conſonnance de ſa quarte; le changement ſuivant

vant eſt annoncé par la conſonnance de ſa dominante ; le deuxieme retour eſt prononcé ; les deux changemens qui ſuccedent ſont annoncés par la conſonnance de leur dominante ; le troiſieme retour eſt encore annoncé par la dominante ; le ſecond changement ſur la ſeconde, le quatrieme retour, le changement ſur la ſixte & le cinquieme retour ſont tous annoncés par la conſonnance de leurs dominantes ; le troiſieme changement ſur la ſeconde, ainſi que celui ſur la ſixte & ſur la tierce qui ſuivent, ſont prononcés par leurs intonations ; le changement ſur la quarte eſt déterminé par la conſonnance de ſa quarte, & le dernier retour eſt amené dans une double phraſe.

La ponctuation du morceau eſt marquée à côté des notes de baſſe, comme dans les exemples précédens.

82. Les tons analogues ne ſont pas les ſeuls intermédiaires à une intonation premiere & principale ; le ton mineur de

la ſeptieme, ſi le ton principal eſt majeur, & le ton mineur de la ſeconde, ſi le principal eſt mineur avec le changement de mode, ſont encore des tons intermédiaires aſſez ſubordonnés, quoiqu'un peu moins naturels que les analogues ; les deux premiers ont toujours dans leurs gammes deux *dieʒes* de plus que le ton principal, & le changement de mode augmente toujours de 3 *dieʒes* ou de 3 *bémols*, tandis que les gammes des tons analogues n'ont qu'un ſeul *dieʒe* ou qu'un ſeul *bémol* de plus que la gamme principale : mais ces 3 changemens ſont naturels & immédiats, ainſi que les tons analogues. (art. 54 & 56.)

Avec ces tons intermédiaires, naturels & ſubordonnés au principal, on trouve auſſi des changemens extraordinaires, des ſauts ; ſi ceux de la premiere eſpèce ſont ſubordonnés à un ton intermédiaire, ceux de la ſeconde eſpèce étonnent davantage ; la plupart n'ont plus de rapports immédiats ni avec le principal, ni avec les intermédiaires.

83. Les gammes intermédiaires étendent & arrondiſſent le champ de la gamme principale ; leur ſecours eſt néceſſaire pour développer & pour ſuivre le ſentiment dans ſes gradations ; l'affection la plus légere produit des ſenſations diverſes ; un tout le plus ſimple eſt compoſé de parties très-diſtinctes, & la plus grande variété orne la moindre partie. Les tons intermédiaires ſubordonnés à un principal ſont donc des élémens eſſentiels à la conſtruction muſicale, ſoit qu'on veuille parler le langage des paſſions, ou qu'on veuille imiter la nature phyſique pour former des tableaux.

84. Tous les tons intermédiaires ne ſont pas néceſſaires à la conſtruction d'un ſeul morceau ; la gamme principale entremêlée avec les gammes de la quinte, de la ſixte & de la quarte, offre un champ très-fertile. Il y a des beaux morceaux encore moins étendus ; nous avons même des airs charmans qui ne ſont fondés que ſur une ſeule gamme : un ou deux chan-

gemens extraordinaires mêlés avec quelques intermédiaires naturels, pourroient ſuffire aux inflexions & aux gradations de la paſſion la plus fougueuſe, ainſi qu'au deſſein du plus grand phénomene.

85. Le nombre & la qualité des tons intermédiaires ne ſont pas indifférents, le ton principal même n'eſt pas arbitraire: mais ce n'eſt pas l'art qui peut les fixer; ſon affaire eſt de familiariſer le Diſciple avec tous les intermédiaires & avec tous les principaux. Le Compoſiteur médite ſon ſujet; quand il en eſt pénétré, il conſulte ſon ſentiment, & écrit. S'il eſt inſpiré par le génie & dirigé par le bon goût, il donne la vraie intonation, & n'emploie que les ſeuls intermédiaires néceſſaires pour l'expreſſion ou pour le tableau du ſujet.

86. Les exemples ſuivans ſont du reſſort de l'art, il y a beaucoup de changemens. Pour cette fois je n'écris que la baſſe & l'harmonie dans ſon ordre naturel; le Diſciple les eſſayant ſur l'inſtrument,

choisira les positions & les octaves pour chaque main : il plaquera simplement les consonnances avec les basses, ou embellira le tout avec mesure & mouvement, observant les repos de ma ponctuation toujours marqués à côté des notes de la basse.

Dans le premier exemple l'intonation majeure de *mi-bémol* domine, tous les changemens naturels sont employés ; je m'arrête dans les tons majeurs de *la-bémol* & de *si-bémol*, & dans les tons mineurs d'*ut*, de *fa*, de *sol*, de *ré* & de *mi-bémol*: par-tout je phrase au moins avec deux consonnances analogues. Le ton majeur de *ré-bémol*, saut d'un ton plus bas, & le ton majeur d'*ut*, saut de la sixte sont aussi intermédiaires ; l'intonation du premier suspend une phrase en *ut* mineur avec lequel ton elle n'a point de rapport immédiat, mais la même consonnance est analogue en *la-bémol* majeur, ton intermédiaire naturel & employé dans cet exemple ; l'intonation d'*ut* phrase avec ses analogues *fa la ut* & *ſol ſi ré*, ces trois conſonnances ſont étrangeres au ton principal du morceau, mais elles ſuccedent au ton mineur d'*ut*, & la plus importante devient auſſi-tôt dominante en *fa* mineur pour ramener l'oreille à la ſubordination du ton *mi-bémol*.

Le ſecond exemple eſt en *la* majeur, 12 tons intermédiaires ſont enchaînés & ſubordonnés à 3 *diezes* ; 5 changemens naturels ſont mêlés avec 7 changemens extraordinaires ; l'intonation *la ut-dieze mi* brille & domine au milieu de 17 conſonnances.

L'intonation mineure de *ré* domine dans le troiſieme exemple ſur les conſonnances majeures de *ré*, de *mi-bémol*, de *fa*, de *ſol*, de *la*, de *ſi-bémol*, d'*ut*, & ſur les conſonnances mineures de *ſol* & de *la* : la ſixte, la quarte, la tierce & la ſeptieme deviennent ſucceſſivement toniques ; la conſonnance majeure de la quinte regne auſſi un inſtant ; elle parle toute ſeule, & avertit l'oreille du retour de *ré* ; l'intonation de *mi-bémol* suspend une phrase du ton principal.

Premier exemple.

BASSES. CONSONNANCES.

Mi-b,. *mi-b. sol si-b.* intonation principale.
Si-b.,. *si-b. ré fa.*
Mi-b., *mi-b. sol si-b.*
Ut... *ut mi-b. sol.*
Fa,.. *fa la-b. ut.*
Ré... *si-b. ré fa.*
Mi-b., *mi-b. sol si-b.*
La-b.. *la-b. ut mi-b.*
Si-b.: *si-b. ré fa*, repos de dominante.
Mi-b.. *mi-b. sol si-b.*
Mi-b.. *la-b. ut mi-b.*
Mi-b.. *mi-b. sol si-b.*
Ré,.. *si-b. ré fa.*
Ut... *ut mi-b. sol*, sixte, ton intermédiaire.
Ut... *fa la-b. ut.*
Ut... *ut mi-b. sol.*
Sol,.. *sol si ré.*
La-b.. *la-b. ut mi-b.* quarte, ton intermédiaire.

BASSES. CONSONNANCES.

La-b.. ré-b. fa la-b.
La-b., la-b. ut mi-b.
Sol. . mi-b. ſol ſi-b.
La-b.. la-b. ut mi-b.
Mi-b.: mi-b. ſol ſi-b. repos de dominante.
Mi. . . ut mi ſol.
Fa . . . fa la-b. ut, ſeconde, ton intermédiaire.
Sol. . . ut mi ſol.
La-b., fa la-b. ut.
La . . . ré fa-d. la.
Si-b ., ſol ſi-b. ré, tierce, ton intermédiaire.
La . . . la ut-d. mi.
Ré.— ré fa la, ſeptieme, ton intermédiaire, repos final.
Si-b ., ſi-b. réfa, quinte, ton intermédiaire.
Mi-b.. mi-b. ſol ſi-b.
Ré. . . ſi-b. ré fa.
Ut. . . fa la ut.
Si-b.;. ſi b. ré fa.
La-b.. la-b. ut mi-b.
Sol,. mi-b. ſol ſi-b. principale.
Fa . . . ſi-b. ré fa.

BASSES. CONSONNANCES.

Mi-b. . *mi-b. ſol ſi-b.*
Si-b.:. *ſi-b. ré fa*, repos de dominante.
Sol. . *ſol ſi ré.*
Sol. . *ut mi-b. ſol*, ſixte, ton intermédiaire.
Sol; . *ſol ſi ré.*
Ut. . . *ut mi-b. ſol.*
Ré. . . *ſol ſi ré.*
Mi-b.. *ut mi-b. ſol.*
Fa ; . *ré-b. fa la-b.* ſaut majeur d'un ton plus bas, repos ſuſpenſif.
Sol. . *ut mi-b. ſol.*
Sol. . *ut mi ſol.*
La-b.; *fa la-b. ut*, ſeconde, ton intermédiaire.
Sol. . *ut mi-b. ſol*, ſixte, ton intermédiaire.
Sol: . *ſol ſi ré*, repos de dominante.
Ut,. . *ut mi ſol*, ſaut de ſixte.
Fa. . . *fa la ut.*
Mi. . . *ut mi ſol.*
Ré. . . *ſol ſi ré.*
Ut,. . *ut mi ſol.*
Ut. . . *fa la-b. ut*, ſeconde, ton intermédiaire.
Ut. . . *ut mi ſol.*

BASSES. CONSONNANCES.

Ut. . . *fa la-b. ut.*
Ut: . . *ut mi sol*, repos de dominante.
Ut-d.. *la ut-d. mi.*
Ré. . . *ré fa la* , septieme, ton intermédiaire.
Mi. . *la ut-d. mi.*
Fa,. . *ré fa la.*
Fa-d.. *ré fa-d. la.*
Sol,.. *sol si-b. ré*, tierce, ton intermédiaire.
Mi-b.. *ut mi-b. sol.*
Ré:. . *ré fa-d. la* , repos de dominante.
Sol. . *sol si-b. ré.*
Ré,. . *ré fa la.*
Mi-b.. *mì-b. sol si-b.* principale.
Si-b.. *si-b. ré fa.*
Ut. . . *ut mi-b. sol.*
Sol. . *sol si-b. ré.*
La-b.; *la-b. ut mi-b.* repos suspensif.
Si-b... *si-b. ré fa.*
Si-b... *mi-b. sol-b. si-b.* changement de mode.
Si-b... *si-b. ré fa.*
Si-b... *mi-b. sol-b. si-b.*
Si-b.:.. *si-b. ré fa*, repos de dominante.

BASSES. CONSONNANCES.

Sol,. *mi-b sol si-b.* principale.
La-b.. la-b ut mi-b.
Si-b.. si-b. ré fa.
Ut;. *ut mi-b. sol*, repos suspensif.
Sol.. mi-b. sol si-b.
La-b... la-b. ut mi-b.
Si-b... si-b. ré fa.
Mi-b..— mi-b. sol si-b. repos final.

Second exemple.

BASSES. CONSONNANCES.

La... la ut-d. mi, intonation principale.
Sol-d.. mi sol-d. si.
La... la ut-d. mi.
Fa-d.,. ré fa-d. la.
Sol-d.. mi sol-d. si.
La,. la ut-d. mi.
Ré... si ré fa-d.
Mi.. mi sol-d. si.
La.— la ut-d. mi, repos final.
Ut-d.. la ut-d. mi.

BASSES.	CONSONNANCES.
Si...	*mi ſol-d. ſi.*
La...	*la ut-d. mi.*
Ré,..	*ré fa-d. la.*
Ut-d..	*la ut-d. mi.*
Si...	*mi ſol-d. ſi.*
La...	*la ut-d. mi.*
Mi:..	*mi ſol-d. ſi*, repos de quinte.
Ré-d..	*ſi ré-d. fa-d.*
Mi,.	*mi ſol-d. ſi*, quinte, ton intermédiaire.
Ut-d..	*fa-d. la-d. ut-d.*
Si.—	*ſi ré-d. fa-d.* ſaut de ſeconde.
Sol-d..	*mi ſol-d. ſi*, quinte, ton intermédiaire.
Fa-d...	*ſi ré-d. fa-d.*
Mi..	*mi ſol-d. ſi.*
La,..	*la ut-d. mi.*
Ré-d...	*ſi ré-d. fa-d.*
Mi..	*mi ſol-d. ſi.*
Fa-d...	*ſi ré-d. fa-d.*
Sol-d.,	*mi ſol-d. ſi.*
La...	*la ut-d. mi.*
Si...	*mi ſol-d. ſi.*
Si..,	*ſi ré-d. fa-d.*

BASSES.	CONSONNANCES.
Mi.—	*mi sol-d. si*, repos final.
Mi. . .	*mi sol si*, saut de quinte.
Ré, . .	*si ré fa-d.*
Ut. . .	*ut mi sol*, saut majeur de 3 demi-tons plus haut.
Sol, .	*sol si ré.*
La . .	*la ut mi*, changement de mode.
Sol, .	*mi sol si.*
Fa . .	*ré fa la.*
Mi.—	*mi sol-d. si*, repos de dominante.
Ut-d. .	*la ut-d. mi*, principale.
Si. . .	*mi sol-d. si.*
La, . .	*la ut-d. mi.*
Ré. . .	*si ré fa-d.* seconde, ton intermédiaire.
Ut-d. .	*fa-d. la-d. ut-d.*
Si, . .	*si ré fa-d.*
Mi. .	*la ut-d. mi*, principale.
Fa-d. .	*ré fa-d. la.*
Sol-d.;	*mi sol-d. si.*
La. . .	*fa-d. la ut-d.* sixte, ton intermédiaire.
Sol-d..	*ut-d. mi-d. sol-d.*
Fa-d . .	*fa-d. la ut-d.*

BASSES. CONSONNANCES.

Ut-d.: ut-d. mi-d. ſol-d. repos de dominante.
Ré,.. ré fa-d. la, quarte, ton intermédiaire.
Ré-d., ſi ré-d. fa-d. ſaut de ſeconde.
Mi-d.. ut-d. mi-d. ſol-d.
Fa-d., fa-d. la ut-d. ſixte, ton intermédiaire.
Sol-d.. mi ſol-d. ſi.
La,.. la ut-d. mi, principale.
Ré... ſi ré fa-d.
Mi... mi ſol-d. ſi.
La.— la ut-d. mi, repos final.
Ut... la ut mi, changement de mode.
Si... mi ſol-d. ſi.
La... la ut mi.
Ré,.. ré fa la.
Sol-d.. mi ſol-d. ſi.
La... la ut mi.
Si... mi ſol-d. ſi.
Ut,.. la ut mi.
Ré... ré fa la.
Mi.. la ut mi.

BASSES.	CONSONNANCES.
Mi..	*mi ʃol-d. ʃi.*
La.—	*la ut mi*, repos final.
Fa,..	*fa la ut*, ʃaut majeur de 2 tons plus bas.
Mi,..	*ut mi ʃol.*
Ré,..	*ré fa la*, ʃaut de quarte.
Ut,..	*la ut mi.*
Si-b.;	*ʃi-b. ré fa.*
Mi-b..	*mi-b. ʃol ʃi-b.*
Ré,..	*ʃi-b. ré fa*, ʃaut majeur d'un demi-ton plus haut.
Ut...	*fa la ut.*
Si-b.,	*ʃi-b. ré fa.*
Mi-b..	*mi-b. ʃol ʃi-b.*
Ré,..	*ʃi-b. ré fa.*
Ut...	*fa la ut.*
Si-b.;	*ʃol ʃi-b. ré.*
La...	*ré fa-d. la.*
Sol.--	*ʃol ʃi-b. ré*, ʃaut mineur d'un ton plus bas.
Fa...	*ré fa la*, ʃaut de la quarte.
Mi..	*la ut-d. mi.*

BASSES.	CONSONNANCES.
Ré...	*ré fa la.*
La:..	*la ut-d. mi*, repos de dominante.
Fa-d..	*ré fa-d. la*, quarte, ton intermédiaire.
Mi..	*la ut-d. mi.*
Ré...	*ré fa-d. la.*
Sol;.	*ſol ſi ré.*
Sol-d..	*mi ſol-d. ſi.*
La,..	*la ut-d. mi*, principale.
Si...	*mi ſol-d. ſi.*
Ut-d.,	*la ut-d. mi.*
Ré...	*ré fa-d. la.*
Mi..	*la ut-d. mi.*
Mi..	*mi ſol-d. ſi.*
Fa-d.;	*fa-d. la ut-d.* repos ſuſpenſif.
Sol-d..	*mi ſol-d. ſi.*
La,..	*la ut-d. mi.*
Ré...	*ſi ré fa-d.*
Mi..	*mi ſol-d. ſi.*
La.—	*la ut-d. mi*, repos final.

Troisieme exemple.

BASSES. CONSONNANCES.

Ré,.. *ré fa la*, intonation principale.
Ré... *sol si-b. ré.*
Ré... *ré fa la.*
Ut-d.: *la ut-d. mi*, repos de dominante.
Ut... *la ut mi.*
Ut... *fa la ut.*
Ré;.. *si-b. ré fa*, sixte, ton intermédiaire.
Si-b., *sol si-b. ré*, quarte, ton intermédiaire.
La... *ré fa-d. la.*
Sol.— *sol si-b. ré.*
Mi.. *ut mi sol.*
Fa,.. *fa la ut*, tierce, ton intermédiaire.
Sol.. *ut mi sol.*
La,.. *fa la ut.*
Mi.. *ut mi sol.*
Fa,.. *fa la ut.*
Sol.. *ut mi sol.*
La.. *fa la ut.*
Si-b.; *si-b. ré fa.*
Si... *sol si ré.*

BASSES.	CONSONNANCES.
Ut,..	*ut mi sol*, ſeptieme, ton intermédiaire.
Ut-d.;	*la ut-d. mi*, le majeur de la quinte, ton intermédiaire.
Ré,..	*ré fa la*, principale.
Mi..	*la ut-d. mi.*
Fa..	*ré fa la.*
Sol;.	*mi-b. ſol ſi-b.* ſaut majeur d'un demi-ton plus haut, repos ſuſpenſif.
La..	*ré fa la.*
La..	*la ut-d. mi.*
Ré.—	*ré fa la*, repos final.

Le Lecteur arrivé à ces exemples par l'étude des articles précédens, y verra ſans peine l'ordre & la marche des tons & des harmonies enchaînés : il verra les tons intermédiaires, & le retour du principal tantôt annoncé, & tantôt tout ſimplement prononcé : il verra les tons quittés tantôt après la prononciation de la conſonnance principale, & tantôt après une autre conſonnance analogue *repos* :

il diſtinguera les différens emplois de chaque conſonnance, & ſans nouveaux ſecours, il pourra imiter l'analyſe que j'ai faite de l'exemple de l'article 81, pour analyſer de même ces 3 morceaux.

87. Tout eſt ſubordonné dans la conſtruction des 8 derniers exemples : il y regne chaque fois un ton principal, qui commence & finit le morceau : tous les tons intermédiaires lui ſont ſubordonnés. Les exemples des articles 76, 78, 79 & 80 commencent & finiſſent chacun par une même conſonnance qui domine ſur toutes les conſonnances analogues, enchaînées dans le même morceau; ceux des articles 81 & 86 commencent & finiſſent chacun par un même ton qui domine ſur tous les intermédiaires du même morceau; les intermédiaires ſont toujours ordonnés de maniere à ramener ſouvent le principal à qui tout eſt ſubordonné : c'eſt-là la conſtruction de l'*Ariette*. Il y a d'autres morceaux en

Musique, où cette grande soumission ne regne pas d'un but à l'autre, c'est la construction du *récitatif* dans lequel, pour l'ordinaire, un ton commence, & un autre finit : les tons intermédiaires y sont aussi quelquefois enchaînés, sans subordination ni au premier, ni au dernier ton du morceau, se succédant tout simplement par quarte, par quinte, par détour, par changement de mode & par saut. L'unité d'une intonation dominante ne peut plus avoir lieu, quand plusieurs passions diverses, & souvent très-opposées, agitent & déchirent le cœur, pour y régner tour à tour. L'ame livrée au sentiment par leurs combats & par leurs victoires, est bientôt esclave du délire ; l'imagination s'exhalte & offre aux sens mille fantômes divers ; les cris de douleur, de terreur & de désespoir sortent du fond du cœur, se succedent sans ordre, sans liaison, & se confondent avec les accens déréglés de joie &

de plaiſir. .. Il faut du mouvement & du déſordre parmi les intonations intermédiaires, pour ſuivre ce langage violent, tumultueux, & pour faire naître de pareilles ſenſations dans l'ame de l'Auditeur : mais ici, comme pour la conſtruction de l'*Ariette*, c'eſt au génie exercé dans les principes de l'Art, & dirigé par le bon goût, à démêler le premier & le dernier ton pour chaque ſituation : lui ſeul connoît le nombre & la qualité des tons intermédiaires, tant du *récitatif* que de l'*Ariette*.

88. Pour remplir ma tâche, je vais donner quelques exemples ſur l'enchaînement des tons de la conſtruction du *récitatif*; j'y mettrai beaucoup de tons intermédiaires; je m'y arrêterai peu; je changerai de tons ſouvent. En les répétant quelquefois, le Diſciple pourra ſe familiariſer avec la marche de tous les *récitatifs* poſſibles.

la consonnance de sa dominante. La consonnance *la ut-dieze mi*, qui succede, est encore l'annonce du suivant ton *ré.* Le ton *si-bémol* majeur, second détour sur la sixte, est prononcé par sa consonnance principale *si-bémol ré fa;* ce ton n'est point subordonné ni au premier ton *ut* majeur, ni au dernier ton *fa* mineur. La dixieme consonnance *sol si ré* ne sonne encore que comme consonnance de dominante, & annonce la consonnance *ut mi-bémol sol.* Le ton suivant est encore annoncé, c'est le ton mineur de *sol*; il fait ligne de quinte avec le précédent, saut de quinte avec le premier ton, & détour sur la seconde avec le dernier ton du morceau. Les 3 consonnances qui suivent, ne sont plus analogues, ce sont autant d'intonations séparées : les tons majeurs de *mi-bémol*, de *ré-bémol* & d'*ut* se succedent rapidement, & vont par saut; mais tous les trois sont subordonnés au dernier ton *fa* mineur; le premier comme changement ſur la ſeptieme, le ſecond comme changement ſur la ſixte, & le troiſieme comme changement ſur la quinte, qui eſt en même temps une reparition du premier ton. La conſonnance principale du dernier ton ſuccede à cette marche extraordinaire, diminue ſa rudeſſe, & remet l'oreille égarée... La dominante termine le morceau : c'eſt ainſi que finiſſent la plupart des *récitatifs*.

Deuxieme exemple.

Conſtruction de Récitatif.

BASSES.	CONSONNANCES.
Sol-d..	*mi ſol-d. ſi*, dominante.
La,..	*la ut mi*, premier ton.
Si...	*ſol ſi ré.*
Ut.—	*ut mi ſol*, détour ſur la tierce.
Mi...	*ut mi ſol*, dominante.
Fa,..	*fa la ut*, ligne de quarte.
Fa-d..	*ré fa-d. la.*
Sol,..	*ſol ſi ré*, ſaut de ſeconde.

BASSES.	CONSONNANCES.
Ré-d..	*ſi ré-d. fa-d.*
Mi,..	*mi ſol ſi*, détour ſur la ſixte.
Ut...	*la ut mi.*
Si.—	*ſi ré-d. fa-d.* repos de quinte.
Sol,..	*ſol ſi ré*, détour ſur la tierce.
Sol...	*ut mi ſol.*
La...	*ré fa-d. la.*
Si;...	*ſol ſi ré.*
Ut...	*la ut mi.*
Ré: .	*ré fa-d. la*, repos de quinte.
Sol,..	*ſol ſi-b. ré*, changement de mode.
Ré,..	*ré fa la*, ligne de quinte.
Mi-b.;	*mi-b. ſol ſi-b.* ſaut majeur d'un demi-ton plus haut.
Fa,..	*fa la-b. ut*, détour ſur la ſeconde.
Ut, .	*ut mi ſol*, majeur de la quinte.
Ré-b.;	*ré-b. fa la-b.* ſaut majeur d'un demi-ton plus haut.
Si-b..	*ſi-b. ré-b. fa.*
La-b.,	*fa la-b. ut*, détour ſur la tierce.
Sol...	*ut mi ſol.*
Fa.—	*fa la-b. ut.*

BASSES.	CONSONNANCES.
Fa;..	*fa la ut*, changement de mode.
Fa-d.	*ré fa-d. la*, ſaut de ſixte.
Fa-d..	*ſi ré-d. fa-d.*
Sol, .	*mi ſol ſi*, détour ſur la ſeconde.
Sol-d..	*mi ſol-d. ſi.*
La;.	*la ut mi*, ligne de quarte.
La;..	*la ut-d. mi*, changement de mode.
Si...	*ſi ré-d. fa-d.* dominante.
Mi.—	*mi ſol-d. ſi*, ligne de quinte, dernier ton.

C'eſt encore une même conſonnance qui commence & finit cette ſeconde conſtruction : mais ici elle eſt dominante au commencement, & principale à la fin; c'étoit le contraire dans le premier exemple. Le premier ton eſt *la* mineur, & le morceau finit en *mi* majeur. La troiſieme conſonnance *ſol ſi ré* eſt dominante, & annonce le premier ton intermédiaire. Le ſecond, le troiſieme & le quatrieme ton intermédiaire ſont auſſi annoncés, chacun par ſa dominante. Je m'arrête un peu dans le quatrieme ton intermédiaire *mi* mineur, où je phraſe avec les conſonnances analogues *la ut mi* & *ſi ré-dieze fa-dieze*. Je prononce le ton *ſol*, cinquieme intermédiaire ; je m'y arrête, & je phraſe d'abord avec les analogues *ut mi ſol*, *ré fa-dieze la* & *ſol ſi ré*, enſuite avec les conſonnances de ſeconde & de quinte. Je quitte ce ton *ſol* après le repos ſur la quinte, & je prononce de ſuite 6 tons intermédiaires, dont quatre ne ſont plus ſubordonnés ni au premier, ni au dernier ton du morceau. Après cette longue ſuite de prononciations, je m'arrête en *fa* mineur, douzieme intermédiaire, que j'annonce avec la conſonnance de ſa quarte : la conſonnance *ut mi ſol* qui ſuit, eſt dominante, & rappelle encore une fois le même ton *fa* mineur. J'abandonne les *bémols* ; pour treizieme ton intermédiaire, je change de mode ; & pour arriver plus vîte au dernier ton, je ſaute ſur la ſixte *ré* : j'annonce le quinzieme ton intermédiaire avec la consonnance de sa dominante ; pour seizieme intermédiaire, je rappelle le premier ton ; je prononce le dix-septieme, & je finis par une phrase qui annonce le dernier ton *mi* majeur.

Troisieme exemple.

Construction de Récitatif.

BASSES. CONSONNANCES.

Ut,.. *ut mi-b. sol*, premier ton.
Si,.. *sol si ré*, majeur de la quinte.
Si-b.; *sol si-b. ré*, changement de mode.
La... *la ut-d. mi.*
La;.. *ré fa la*, ligne de quinte.
Si . . *sol si ré.*
Ut — *ut mi sol*, détour sur la septieme.
Ut,.. *fa la ut*, ligne de quarte.
Ut,.. *fa la-b. ut*, changement de mode.
Ré-b.; *si-b. ré b. fa*, ligne de quarte.
Ré,.. *si-b. ré fa*, changement de mode.
Ré,.. *sol si-b. ré*, détour sur la sixte.

BASSES.	CONSONNANCES.
Mi-b.;	*mi-b. sol si-b.* détour sur la sixte.
Mi-b.,	*ut mi-b. sol*, détour sur la sixte.
Mi...	*ut mi sol*, dominante.
Fa;..	*fa la-b. ut*, ligne de quarte.
Sol...	*mi-b. sol si-b.* dominante.
La-b.-	*la-b. ut mi-b.* détour sur la tierce.
La-b..	*ré-b. fa la-b.*
La-b.,	*la-b. ut mi-b.*
Sol...	*ut mi sol*, dominante.
Fa.—	*fa la-b. ut*, détour sur la sixte.
Ré...	*ré fa-d. la*, dominante
Ré,..	*sol si-b. ré*, détour sur la seconde.
Mi-b..	*ut mi-b. sol*, ligne de quarte.
Ré:..	*sol si ré*, repos de quinte.
Ré-b..	*si-b. ré-b. fa*, saut de septieme.
Ut;..	*fa la ut*, dominante.
Si-b..	*mi-b. sol-b. si-b.* ligne de quarte.
Si-b.:	*si-b. ré fa*, repos de dominante.

Ce morceau commence en *ut* mineur, & finit en *mi-bémol* mineur ; les tons intermédiaires vont rapidement, ils se succedent dans l'ordre suivant......

Sol majeur & mineur, *ré* mineur, *ut* majeur, *fa* majeur & mineur, *si-bémol* mineur & majeur : *sol* mineur pour une seconde fois, *mi-bémol* majeur, un retour du premier ton ; *fa* mineur pour une seconde fois, *la-bémol* majeur & encore une fois *fa* mineur ; *sol* mineur pour une troisieme fois, seconde reparition du premier ton ; enfin, une seconde fois *si-bémol* mineur.

Six de ces tons sont annoncés par leur dominante : tous les autres tons du morceau sont tout simplement prononcés ; la consonnance *ré - bémol fa la - bémol* arrête un peu l'oreille en *la-bémol.* La basse pour cette fois va gravement : elle marche *chromatiquement :* ses pas sont petits : le plus souvent, elle ne franchit qu'un degré de demi-ton, pour monter ou pour descendre sur un unisson d'une des trois notes de l'harmonie suivante ; la plus proche des trois a toutefois la préférence ; les secondes & les troisiemes notes des consonnances figurent plus à la baſſe, dans cet exemple, que les premieres.

89. Prononçant ces exemples ſur l'inſtrument, le Lecteur voudra bien ſe rappeller les notions des articles 66, 67 & 68, & ordonner les poſitions des harmonies avec les baſſes données. Après avoir plaqué les notes des conſonnances, on peut recommencer & les harpégier, obſervant toutefois les repos de la ponctuation marquée à côte des notes de baſſes; car une virgule omiſe, ou une virgule de plus changeroit très-ſouvent le ſens harmonique. La conſonnance d'*ut, par exemple,* qui commence le premier exemple, ne ſeroit plus principale, ſi la virgule qui la ſépare de la conſonnance de *ré* étoit omiſe; ſans virgule, elle ſeroit une analogue du ton ſuivant, figureroit comme conſonnance de quarte, & feroit avec la ſeconde conſonnance une double phraſe en *ſol.* La conſonnance majeur de *mi*, qui commence le ſecond exemple, affectée d'une virgule, ſeroit

principale,

principale, intonation & non pas dominante. La virgule qui ſuit la premiere conſonnance du troiſieme exemple, influe ſur la ſeconde conſonnance, & la rend principale, l'intonation d'un ton nouveau; ſans cette virgule, elle ne pourroit ſonner que comme dominante.

Si la ſuite de ces harmonies plaquées ou harpégiées inſpire au Lecteur du chant, il peut ſe livrer à ſon imagination, conſulter le ſentiment, & ſuivre les mouvemens de ſon cœur agité; les conſonnances répétées, meſurées, & embellies ſuivant les art. 40, 41, 42, 43 & 44, ont un pouvoir très-étendu. La nature phyſique & morale leur eſt ſoumiſe : l'oppoſition, le contraſte que font dans la conſtruction les conſonnances analogues avec la conſonnance principale, expriment aſſez bien le mouvement & le repos, la qualité affirmée au ſujet..... Les changemens d'intonation rendent exactement les gradations qu'apperçoivent les ſens, & que le ſentiment confirme.... L'homme de génie, qui voudra ſe familiariſer avec la marche des conſonnances, développée dans les 88 premiers articles de *cet Eſſai*, prouvera un jour mon opinion avec des chefs-d'œuvre de Muſique. En attendant, le Diſciple inſpiré liſant ou prononçant ſur l'inſtrument mes exemples de conſonnances, pourra, à ſa guiſe, altérer mes conſtructions, tant pour la chaîne des tons, que pour la ſuite des harmonies ; il ſera toujours dans les routes que je lui ai tracées, ſupérieur ſouvent, mais jamais contraire à l'art.

90. Cette maniere d'ordonner les tons, & de conſtruire la chaîne des conſonnances, eſt commune à toutes les Muſiques. Les différens morceaux ne ſont diſtingués que par le plus ou par le moins de changemens, ſelon que les ſituations ſont plus ou moins animées.

Quelques-uns de mes Lecteurs pourroient m'arrêter ici, & d'après mon *Tolérantiſme Muſical*, me demander la différence des conſtructions Allemandes,

Françoises & Italiennes. Je leur dirois qu'il n'y a pas encore assez de morceaux de Musique, fondés sur une simple chaîne de consonnances, pour pouvoir les satisfaire, car je ne crois pas qu'on puisse m'en citer beaucoup avec le petit échantillon que j'ai inséré dans le Journal de Paris, du 19 Octobre 1778, à moins qu'on veuille déja compter pour quelque chose les constructions de consonnances, N°s. 18 & 19 des exemples de mon *Traité de Musique*........ Cependant, vu la différence des langues, des gestes & des manieres d'être des trois Peuples en question, on pourroit prétendre que le changement sur la quarte & sur la quinte doit être fréquent chez les Italiens; que le changement sur la tierce & sur la sixte doit dominer chez les François; & que le changement sur la seconde & sur la septieme avec des sauts doit caractériser la construction harmonique des Allemands.... Si la marche des tons & la chaîne des harmonies sont en

Musique des qualités essentielles & générales, si leur différence est peu sensible d'un pays à l'autre, celle de la mélodie est plus marquée. C'est principalement dans le chant qu'il faut chercher les qualités différentielles de chaque Musique : écoutez les *Virtuoses*, lisez les Compositeurs des trois Nations; on compose & on chante aujourd'hui à l'Allemande, à la Françoise & à l'Italienne.

Les opinions de mon *Tolérantisme Musical* ne sont pas fondées sur une différence totale de la Musique d'un Peuple à l'autre ; la diversité des langues est réelle, quoiqu'il y ait bien des choses communes dans leur construction.

NOUVEL ESSAI
SUR L'HARMONIE.

DES DISSONANCES ET DE LEUR EMPLOI.

Nature, especes & étendue des dissonances ; leur succession, surprises & transitions enharmoniques ; usage des dissonances dans la chaîne des tons, dans la phrase, dans la période & dans le discours harmonique, dans la construction de l'Ariette *& dans la construction du* Récitatif.

91. Les sons qui répondent dans la gamme aux nombres 7, 2, 4 & 6, sont conjoints avec les principaux sons du ton ; ils dissonent avec les sons de la

nature, dont l'oreille est toujours préoccupée ; leur ensemble fait une harmonie dissonante, c'est le plus grand écart de la nature : elle peine, elle fatigue l'oreille, & lui fait désirer le retour du repos de l'harmonie consonnante de la nature.

Je nommerai sons *appels* les sons dissonans de la gamme.

Si, *ré*, *fa* & *la* sont les sons *appels* de la gamme majeure d'*ut*. Le *si* & le *ré* sont les plus forts *appels* du ton ; ils rappellent la tonique *ut*. *Fa* & *la* en sont les plus foibles ; ils rappellent la quinte *sol*. *Ré* & *fa* sont les moyens *appels* ; ils rappellent le retour de la tierce *mi*. *Si* & *la* sont les deux extrêmes des sons *appels*. Le *si* est le principal son des *appels*, c'est le plus fort, la sensible du ton ; il appelle la tonique ou son octave *chromatiquement* & avec énergie, il exige son retour. Le *la* est le plus foible *appel*, il ne rappelle que la quinte de la gamme. Le *ré* & le *fa* rappellent chacun deux sons de la nature. Le *fa* ou la quarte de la gamme, eſt le plus preſſant des moyens *appels ;* il exige le retour de la tierce *mi*, (ſecond ſon de la nature dans la gamme) avec autant d'énergie, que le fort ou la ſenſible *ſi* rappelle la tonique *ut*.

L'enſemble, l'harmonie ou la diſſonance des *appels ſi*, *ré*, *fa*, *la*, peut auſſi être nommée harmonie diſſonante, ou diſſonance de la ſenſible *ſi*, (principal des *appels* en *ut*) comme la conſonnance des ſons de la natute, *ut*, *mi*, *ſol*, eſt appellée conſonnance de la tonique *ut*, (principal des ſons de la nature en *ut*).

La diſſonance de la ſenſible, *ſi re fa la*, eſt doublement diſſonante; diſſonante dans la gamme, par rapport à l'intonation des ſons de la nature *ut*, *mi*, *ſol ;* & diſſonante en elle-même, à cauſe de la conjonction de la derniere note *la* avec la réplique ou l'uniſſon de ſa principale note *ſi*.

92. *Sol* ou *ſoldieze*, *ſi*, *ré* & *fa* ſont

les sons *appels* de la gamme mineure de *la.* Par le moyen de l'exception usitée pour la septieme note de la gamme des tons mineurs, chacun des trois sons de leur principale consonnance est appellé *chromatiquement ;* dans notre ton, la tonique *la* par le premier *appel*, ou par la sensible *sol-dieze ;* la tierce *ut* par le second *appel si ;* & la quinte *mi* par le quatrieme *appel fa.*

Le troisieme *appel*, ou la quarte de la gamme des tons mineurs, est aussi très-souvent altéré dans nos bonnes compositions : on l'approche de la quinte, pour pouvoir l'appeller *chromatiquement* des deux côtés, à l'aigu & au grave. Dans notre ton *la*, on dit souvent *fa* Mi, *ré-dieze* Mi, au lieu de dire *fa* Mi, *ré* Mi. Les sons *appels* ainsi rapprochés des sons de la nature, les appellent plus mollement & plus sensiblement (*p*).

(*p*) Ici je prends les sons de la gamme tels qu'ils existent, & tels qu'ils entrent dans la

L'enſemble, l'harmonie ou la diſſonance des *appels ſol-dieze*, *ſi*, *ré*, *fa*, ſuivant les notions de l'article précédent, eſt encore nommée, en mineur de *la*, harmonie diſſonante de la ſenſible *ſol-dieze*, ou diſſonance mineure de la ſenſible *ſol-dieze*.

93. L'harmonie des *appels* en mineur avec l'exception ne paroît pas diſſonante en elle-même; il n'y a nulle conjonction apparente parmi les ſons *ſol-dieze*, *ſi*; *ré*, *fa*. La derniere note *fa*, ſuivant l'ordre de la gamme, touche, à la vérité, l'uniſſon ou l'octave de la premiere note *ſol-dieze* : mais le ſon *fa* eſt ſéparé d'un

---

compoſition de tout morceau de Muſique; dans le Diſcours théorique de ma *Méthode*, je remonte à l'origine des ſons de l'octave, j'indique les ſons donnés par la nature, & je fais voir que tous les autres ont dû être intercallés comme ſons *appels*, pour faire valoir les ſons primitifs de la nature par des continuels écarts qui diſſonent, qui fatiguent, & par des continuels retours qui conſonnent & qui repoſent.

intervalle de ton & demi du ſon *ſol-dieze* qui ſuit immédiatement à l'aigu ; elle eſt pourtant diſſonante , & même plus diſſonante que l'harmonie des *appels* en majeur ; c'eſt ſans doute parce que ces quatre ſons ſont rapprochés autant qu'il eſt poſſible ; le plus petit intervalle harmonique ſépare chacun de ſon voiſin , tandis qu'on trouve dans la diſſonance des *appels* en majeur les principaux intervalles harmoniques , les intervalles les plus conſonnans : les ſons de l'harmonie *ſi ré fa la* , (diſſonance de ſenſible en majeur d'*ut*) ſont ſéparés par l'intervalle de tierce majeure du *fa* au *la* , & par l'intervalle de quinte du *ré* au *la.*

La diſſonance mineure de la ſenſible diſſone auſſi plus fortement dans la gamme , étant *chromatiquement* (par intervalle de demi-ton) conjointe avec chacun des trois principaux ſons, tandis que la diſſonance des *appels* en majeur n'eſt *chromatiquement* conjointe qu'avec la tonique & avec la tierce , & ſeulement *diatoniquement* avec la dominante ou avec la quinte ; l'intervalle de ton entier la ſépare de chacun de ſes deux *appels*.

94. Examinant & comparant la conſonnance *ut mi ſol* (harmonie des principaux ſons de la gamme, des ſons de la nature), & la diſſonance *ſi ré fa la* (harmonie des *appels* de la gamme), on voit que l'ordre des notes de l'harmonie eſt alternatif ; une note de la gamme eſt chaque fois omiſe dans les deux harmonies ; un *appel* ſépare deux ſons naturels, & un ſon naturel ſépare deux *appels* ; aiſément on apperçoit deux ordres naturels pour les ſons de l'harmonie...

1, 3, 5.

Ordre naturel des ſons de l'harmonie conſonnante, en montant l'octave, & en ſuivant toujours le rang naturel des notes de la gamme : &....

1, 3, 5, 7.

Ordre naturel des ſons de l'harmonie diſſonante, en montant l'octave, & en ſuivant également le rang naturel des notes de la gamme.

95. L'harmonie des *appels* eſt le plus grand écart de la nature : tous les ſons naturels ſont abandonnés : tous les *appels* parlent à la fois, annoncent le ton, & exigent le retour de l'harmonie de la nature. La diſſonance peine, fait déſirer: la conſonnance ſollicitée repoſe l'oreille, & termine la phraſe muſicale. Nous avons vu dans la ſeconde partie, que les conſonnances analogues phraſent auſſi avec la principale; celle de la quinte annonce très-ſouvent le ton dans nos conſtructions de conſonnances. Voulons-nous augmenter leur ſollicitation, ajoutons à chacune à l'aigu une quatrieme note de la gamme d'une tierce plus élevée que celle qui répond dans la conſonnance au nombre 5, & nous aurons chaque fois une harmonie diſſonante? En *ut*, la conſonnance de la quinte ou de dominante *ſol ſi ré*, ſera changée en la diſſonance de dominante *ſol ſi ré fa* : je dis diſſonance de

dominante, parce que la quinte ou la dominante *ſol* eſt la premiere & principale note de cette harmonie ; commençant par elle, on a la ſuite 1, 3, 5, 7, qui eſt l'ordre naturel des notes de la diſſonance, comme nous venons de le voir.

Cette nouvelle harmonie eſt auſſi doublement diſſonante ; elle renferme les 3 premiers ou les trois forts *appels* de la gamme, & ſa derniere note *fa* eſt conjointe avec l'uniſſon de ſa premiere note *ſol.*

L'addition de la quatrieme note changera les autres conſonnances analogues à l'intonation *ut mi ſol*, en autant de diſſonances ; & obſervant toujours la même gamme, nous aurons.....

Ré fa la ut,.. diſſonance de ſeconde.
Mi ſol ſi ré,.. diſſonance de la tierce.
Fa la ut mi,.. diſſonance de la quarte.
La ut mi ſol,.. diſſonance de la ſixte.

Ajoutant pareillement une quatrieme

note à la consonnance principale, nous aurons aussi une dissonance de tonique *ut mi sol si.*

Toutes les nouvelles harmonies sont dissonantes en elles-mêmes. La derniere note de chacune est conjointe avec l'unisson ou avec l'octave de sa premiere note. Toutes sont dissonantes par rapport à la gamme. La dissonance de seconde renferme les trois derniers ou les trois foibles *appels* ; la dissonance de la tierce renferme les deux forts *appels* (les *appels* de la tonique) ; la dissonance de la quarte renferme les deux foibles *appels* (les *appels* de la quinte) ; la dissonance de la tonique renferme le fort *appel* (la sensible) ; la dissonance de la sixte renferme le foible *appel* (la sixt e).

96. Opérant l'addition de l'article précédent sur les consonnances analogues de la gamme mineure de *la*, nous aurons...

La ut mi sol,.. dissonance de tonique.
Ut mi sol si,.. dissonance de la tierce.

Ré fa la ut,.. diſſonance de la quarte.
Mi ſol ſi ré,.. diſſonance de la quinte.
Mi ſol dieze ſi ré, diſſonance de dominante.
Fa la ut mi,.. diſſonance de la ſixte.
Sol ſi ré fa,.. diſſonance de la ſeptieme.

Imitant l'harmonie des *appels*, on a auſſi....
Si ré fa la,.. diſſonance de ſeconde.

Uſant par-tout de l'exception, & mettant la ſenſible *ſol-dieze* en place de la ſeptieme *ſol*, on a encore....
La ut mi ſol-dieze, diſſonance de tonique.
Ut mi ſol-dieze ſi, diſſonance de la tierce.

97. Nombrant, examinant & comparant toutes ces harmonies diſſonantes, on peut déduire les corrolaires ſuivants....

1°. Chaque note de la gamme eſt premiere & principale note d'une diſſonance, tant en mineur qu'en majeur.

2°. La tonique, la tierce & la quinte ont en mineur chacune deux diſſonances.

3°. On peut produire ſept harmonies

dissonantes dans chaque ton, avec les seules notes de la gamme.

4°. On peut produire onze harmonies dissonantes dans les tons mineurs, en employant avec les notes de la gamme, la sensible par exception.

5°. Les dix-huit harmonies dissonantes des deux modes se réduisent à sept espèces de dissonances. L'intervalle de tierce majeure & de tierce mineure, qui sépare les sons que la nature marie ensemble dans la même gamme, sépare aussi les sons que l'art assemble : trois tierces séparent les quatre notes de chaque dissonance prise dans son ordre naturel & direct, 1, 3, 5, 7 : une fois ces tierces sont mineures toutes les trois ; très-souvent il y a une tierce majeure avec deux tierces mineures ; il y a aussi par fois une seule tierce mineure avec deux tierces majeures. La tierce majeure est à l'aigu des deux mineures, au grave & au milieu : la tierce mineure change pareillement 3 fois de place parmi les 2 tierces majeures.

Sol-dieze

Sol-dieze ſi ré fa, diſſonance de ſenſible en mineur de *la*. Les tierces qui ſéparent les quatre ſons de cette harmonie, ſont toutes les trois des intervalles de tierce mineure : elle eſt ſeule de ſon eſpece.

Si ré fa la, diſſonance de ſenſible en majeur d'*ut*. Les deux premieres tierces ſont mineures ; une tierce majeure ſépare les deux dernieres notes de cette harmonie, qui diſſone auſſi, comme diſſonance de ſeconde, en mineur de *la*.

La diſſonance de ſenſible en majeur & la diſſonance de ſeconde en mineur, ne ſont donc qu'une même eſpece d'harmonie.

Sol ſi ré fa, diſſonance de dominante en *ut*. L'intervalle de tierce majeure ſépare les deux premieres notes de cette harmonie, les deux dernieres tierces ſont mineures : les intervalles de la diſſonance de ſeptieme en mineur, ſont diſpoſés de la même maniere ; *ſol ſi ré fa* eſt diſſonance de ſeptieme en *la* mineur : la diſſonance de dominante, avec le ſecours de la ſenſible par exception, eſt la même en mineur qu'en majeur.

La diſſonance de dominante, tant en mineur qu'en majeur, & la diſſonance de la ſeptieme en mineur, ne ſont donc qu'une même eſpece d'harmonie.

Ré fa la ut, diſſonance de ſeconde en majeur d'*ut*. Pour cette fois, la tierce majeure eſt au milieu, les tierces mineures ſéparent les deux premiers & les deux derniers ſons de l'harmonie : les intervalles qui ſéparent les quatre notes des diſſonances de tierce & de ſixte en majeur, de tonique, de quarte &de quinte en mineur, ſont diſpoſés de la même maniere; par conſéquent auſſi, une ſeule eſpece d'harmonie pour ſix diſſonances.

Ut mi ſol ſi, diſſonance de la tonique en majeur d'*ut*. Ici une tierce mineure eſt au milieu de deux tierces majeures : la diſſonance de quarte en majeur, & les diſſonances de tierce & de ſixte en mineur, ont leurs quatre notes arrangées de la même maniere. Donc, encore une ſeule eſpece d'harmonie pour quatre diſſonances.

La ut mi ſol-dieze , ſeconde diſſonance de tonique en mineur de *la.* Dans cette harmonie la tierce mineure eſt ſuivie de deux tierces majeures ; c'eſt la ſeule de ſon eſpece.

Ut mi ſol-dieze ſi , ſeconde diſſonance de la tierce en mineur de *la.* Les intervalles de cette harmonie ſont placés à l'inverſe de la précédente ; la tierce mineure eſt à l'aigu, elle eſt précédée des deux tierces majeures : cette diſſonance eſt encore unique de ſon eſpece.

Réſumons ce cinquieme corollaire. En mineur, diſſonances de ſenſible , de tonique & de tierce, toutes les trois avec l'exception ; trois diſſonances & trois eſpeces.

Diſſonance de ſenſible en majeur , diſſonance de ſeconde en mineur ; deux harmonies & une eſpece.

Diſſonance de dominante en majeur & en mineur, & diſſonance de ſeptieme en mineur ; trois harmonies & une espece.

Dissonances de tonique & de quarte en majeur, dissonances de tierce & de sixte en mineur ; quatre harmonies & une espece.

Dissonances de seconde, de tierce & de sixte en majeur, dissonances de tonique, de quarte & de quinte en mineur; six harmonies & une seule espece.

Donc, trois fois une harmonie, une fois deux harmonies, une fois trois harmonies, une fois quatre harmonies, une fois six harmonies, & chaque fois une espece. Par conséquent, 7 especes pur les 18 harmonies spécifiées.

De ce cinquieme corollaire nous pourrons tirer une conséquence très-utile, & dire que la plupart des harmonies dissonantes imitent l'harmonie consonnante, & s'étendent à plusieurs gammes. Nous avons vu dans la seconde partie que la consonnance *ut mi sol*, par exemple, étoit principale en *ut*, analogue en *sol* & en *fa* majeurs, analogue aussi en *la*, en *ré*, en *mi* & en *fa* mineurs. En *fa*, elle figuroit comme consonnance de dominante, en *sol* comme consonnance de quarte, en *la* comme consonnance de tierce, en *ré* comme consonnance de septieme, & en *mi* comme consonnance de sixte. Nous avons vu aussi que la consonnance mineure *la ut mi* étoit principale en *la* mineur, & analogue en *ut*, *ré*, *mi*, *fa* & *sol*. Par l'examen du présent corollaire, nous verrons les conclusions suivantes...

L'harmonie *si ré fa la* est dissonance de sensible en *ut* majeur, & dissonance de seconde en *la* mineur.

L'harmonie *sol si ré fa* est dissonance de dominante du ton *ut*, tant en majeur qu'en mineur, & dissonance de septieme en *la* mineur.

L'harmonie *ré fa la ut* est dissonance de seconde en *ut* majeur, dissonance de sixte en *fa* majeur, dissonance de tierce en *si-bémol* majeur, dissonance de tonique en *ré* mineur, dissonance de quarte en *la* mineur, & diſſonance de quinte en *ſol* mineur.

L'harmonie *ut mi ſol ſi* eſt diſſonance de tonique en *ut* majeur, diſſonance de quarte en *ſol* majeur, diſſonance de tierce en *la* mineur, & diſſonance de ſixte en *mi* mineur.

6°. La diſſonance de la ſeptieme ou de la ſenſible eſt la ſeule harmonie pure; elle n'eſt composée que d'une qualité de ſons, les ſeuls *appels* de la gamme la compoſent; toutes les autres diſſonances ſont mixtes; un, deux ou trois ſons *appels* ſont toutefois mêlés avec trois, deux ou un ſon naturel.

7°. Dans les diſſonances mixtes, les premiers ſons de la nature ſont toujours conſervés avec les derniers ſons *appels*, & les derniers ſons de la nature ſont conſervés avec les premiers *appels* : la tonique ſonne avec les foibles *appels*, & la quinte ou dominante ſonne avec les forts *appels*.

98. Les quatre ſons des harmonies

diſſonantes ne ſont pas toujours employés dans leur ordre naturel, chaque diſſonance a quatre poſitions ; la diſſonance de dominante en *ut*, *par exemple*, peut paroître des quatre manieres ſuivantes.....

Sol ſi ré fa . . .
Si ré fa ſol . .
Ré fa ſol ſi .
Fa ſol ſi ré

99. L'harmonie diſſonante annonce, prépare, ſollicite, *appelle*, exige le retour du repos des ſons de l'harmonie conſonnante : l'harmonie conſonnante ſauve la diſſonante, contente & repoſe l'oreille.

Toutes les harmonies diſſonantes de la gamme conduiſent au repos des ſons de la nature, mais elles ſollicitent leur retour inégalement ; chacune *contraſte* & diſſone plus ou moins avec la nature. La diſſonance de la ſixte rappelle très-foiblement l'uniſſon grave du dernier ſon de la nature : la diſſonance de la tonique rappelle très-fortement l'uniſſon aigu du principal ſon de la nature : les harmonies diſſonantes de quarte & de tierce ramenent le ſupplément de la nature, la quinte manque à l'une, & l'autre eſt ſans tonique ; la diſſonance de quarte ſollicite le dernier ſon de la nature, & la diſſonance de tierce demande la tonique : les diſſonances de ſeconde & de dominante preſſent plus le retour de la nature ; la diſſonance de ſeconde ſollicite les deux derniers ſons de l'intonation de la gamme, & la diſſonance de dominante ſollicite, exige & ramene ſes deux premiers ſons : l'harmonie de ſeptieme ou de *ſenſible* eſt totalement oppoſée aux ſons de la nature ; c'eſt leur plus grand *contraſte* & la plus forte diſſonance de la gamme, elle n'a rien de commun avec l'intonation, elle rappelle tous les ſons de la conſonnance & du principal repos.

Les plus preſſantes de toutes ces diſſonances ſont en général celles qui renferment la *ſenſible*.

100. Toutes les harmonies diſſonantes

ne ſont pas également uſitées ; la diſſonance de la dominante, celle de la ſeconde & celle de la ſenſible regnent le plus dans nos compoſitions muſicales ; des trois, celle de dominante eſt la plus fréquente ; elle ſert ſouvent d'annonce dans les changemens de tons, & elle entre le plus dans la conſtruction des phraſes harmoniques, avec leſquelles on arrête l'oreille dans une gamme.

101. Les chaînes naturelles & générales des tons de l'article 69, ſont plus intéreſſantes, ſi l'intonation de chaque ton eſt annoncée par l'harmonie diſſonante de ſa dominante. On peut auſſi embellir les paſſages d'un ton à un autre de l'article 72, en annonçant les tons intermédiaires par la diſſonance de leur dominante.

Pour éviter l'uniformité, on pourroit varier l'embelliſſement de ces chaînes de tons, annonçant l'intonation de l'un par la diſſonance de dominante, annonçant celle d'un autre par la diſſonance de la fenfible, & annonçant celle d'un troifieme ton par la double diffonance de feconde & de dominante.

On peut encore augmenter la variété de ces chaînes de tons annoncés, en prononçant de temps en temps un ou deux tons de fuite par leur fimple intonation, pour féparer les différentes annonces.

Dans l'article fuivant, je reviendrai un peu fur les exemples des articles 69, 70, 71, 72 & 73, pour embellir la marche des tons de la chaîne naturelle, générale, vague & indéterminée. Par fois, je prononcerai tout fimplement le ton par la confonnance de fon intonation; le plus fouvent je préparerai cette confonnance, & j'annoncerai le ton, tantôt par la diffonance de dominante, tantôt par la diffonance de fenfible, & tantôt par la double diffonance de feconde & de dominante. Mais il faut auparavant nous arrêter un moment ici, pour nous familiarifer avec les trois annonces de chaque ton. Commençons en *ut*, & disons de tête, d'abord en majeur....

1°. *Sol si ré fa, ut mi sol.*
2°. *Si ré fa la, ut mi sol.*
3°. *Ré fa la ut &*
Sol si ré fa, ut mi sol.

Ensuite en mineur....

1°. *Sol si ré fa, ut mi-b. sol.*
2°. *Si ré fa la-b., ut mi-b. sol.*
3°. *Ré fa la b. ut &*
Sol si ré fa, ut mi-b. sol.

Cela fait, nous aurons l'intonation d'*ut* annoncée des trois manieres, tant en majeur qu'en mineur; 1°. par la dissonance de dominante; 2°. par la dissonance de sensible; 3°. par la double dissonance de seconde & de dominante.

Rappellons-nous les observations des articles 66, 67 & 68 sur le choix des positions, sur la maniere de bien ordonner la basse avec l'harmonie, & sur la nécessité de rapprocher la basse de l'harmonie, enfin d'éviter les ſons trop aigus & les ſons trop graves; & eſſayons ſur l'inſtrument cette triple annonce des 2 intonations d'*ut*. Si nous raiſonnons bien, nous aurons l'arrangement ſuivant....

	BASSES.	HARMONIES.
1°.	*Sol*...	*ſi ré fa* ſol.
	Ut.—	ut *mi ſol*.
2°.	*Si*...	ſi *ré fa la*.
	Ut.—	ut *mi ſol*.
3°.	*Ut*...	*ut* ré *fa la*,
	Ut...	*ſi ré fa* ſol,
	Ut.—	ut *mi ſol*.

Une pauſe & puis autant en mineur....

1°.	*Sol*...	*ſi ré fa* ſol,
	Ut.—	ut *mi-b. ſol*.
2°.	*Si*...	ſi *ré fa la-b.*,
	Ut.—	ut *mi-b. ſol*.
3°.	*Ut*...	*ut* ré *fa la-b.*,
	Ut...	*ſi ré fa* ſol,
	Ut.—	ut *mi-b. ſol*.

Avec les deux mains nous resterons au milieu de l'instrument, & si nous suivons les trois annonces avec un peu d'attention, nous sentirons que l'annonce que fait la dissonance de sensible, convient principalement au mode mineur, que celle de la dominante & celle de la double dissonance sonnent bien dans les deux modes. Par conséquent, nous ne serons pas tentés de répéter deux fois les trois annonces dans les onze autres octaves, pour les dire d'abord en majeur, & puis en mineur; sachant d'ailleurs que la dissonance de dominante est la même pour les deux modes de chaque octave : nous nous contenterons chaque fois de dire l'annonce de la dissonance de dominante en majeur, & l'annonce de la dissonance de sensible avec celle de la double dissonance de seconde & de dominante en mineur.

Etant familiarisé avec les annonces en *ut*, prenons successivement les 11 autres sons pour toniques, sans nous inquiéter ni de liaiſon, ni de chaîne ; penſons ſeulement au nombre de *diezes* & au nombre de *bémols* de chaque gamme ; abandonnons auſſi l'inſtrument & diſons de tête, abſtraction faite du choix des baſſes & des poſitions.....

2°. En *ré*, (2 *diezes* & 1 *bémol.*)

Majeur. *La ut-d. mi ſol, ré fa-d. la.*
Mineur. *Ut-d. mi ſol ſi-b., ré fa la.*
Min. encore. *Mi ſol ſi-b. ré* &
La ut-d. mi ſol, ré fa la.

3°. En *mi*, (4 *diezes* & 1 *dieze.*)

Majeur. *Si ré-d. fa-d. la, mi ſol-d. ſi.*
Mineur. *Ré-d. fa-d. la ut, mi ſol ſi.*
Min. encore. *Fa-d. la ut mi* &
Si ré-d. fa-d. la, mi ſol ſi.

4°. En *fa*, (1 *bémol* & 4 *bémols.*)

Majeur. *Ut mi ſol ſi-b., fa la ut.*
Mineur. *Mi ſol ſi-b. ré-b., fa la-b. ut.*
Min. encore. Sol ſi-b. ré-b. fa &
Ut mi ſol ſi-b., fa la-b. ut.

5°. En *Sol*, (1 *dieze* & 2 *bémols.*)

Majeur. *Ré fa-d. la ut, sol si ré.*
Mineur. *Fa-d. la ut mi-b., sol si-b. ré.*
Min. encore. *La ut mi-b. sol* &
Ré fa-d. la ut, sol si-b. ré.

6°. En *la*, (3 *diezes* & o.)

Majeur. *Mi sol-d. si ré, la ut-d. mi.*
Mineur. *Sol-d. si ré fa, la ut mi.*
Min. encore. *Si ré fa la* &
Mi sol-d. si ré, la ut mi.

7°. En *si*, (5 *diezes* & 2 *diezes.*)

Majeur. *Fa-d. la-d. ut-d. mi, si ré-d. fa-d.*
Mineur. *La-d. ut-d. mi sol, si ré fa-d.*
Min. encore. *Ut-d. mi sol si* &
Fa-d. la-d. ut-d. mi, si ré fa-d.

8°. En *ut-dieze* ou en *ré-bémol*, (7 & 4 *diezes*, ou 5 & 8 *bémols.*)

Pour le majeur, je nomme ma tonique *ré-bémol*; pour le mineur, je la nomme *ut-dieze*; par ce moyen j'aurai toujours quelques notes naturelles dans la gamme, & j'évite l'embarras des doubles *bémols*.

Majeur. *La-b. ut mi-b. sol-b., ré-b. fa la-b.*
Mineur. *Si-d. ré-d. fa-d. la, ut-d. mi sol-d.*
Min. encore. *Ré-d-fa-d. la ut-d.* &
Sol-d. si-d. ré-d. fa-d., ut-d. mi sol-d.

9°. En *ré-dieze* ou en *mi-bémol.*
(9 & 6 *diezes*, ou 3 & 6 *bémols.*)

Ici je préfere la tonique *mi-bémol* pour les deux modes.....

Majeur. *Si-b. ré fa la-b., mi-b. sol si-b.*
Mineur. *Ré fa la-b. ut-b., mi-b. sol-b. si-b.*
Min. encore. *Fa la-b. ut-b. mi-b.* &
Si-b. ré fa la-b., mi-b. sol-b. si-b.

10°. En *fa-dieze* ou en *sol-bémol.*
(6 & 3 *diezes*, ou 6 & 9 *bémols.*

Fa-dieze tonique pour les deux modes, & on y gagne; on est plus commodément avec 3 *diezes* qu'avec 9 *bémols.*

Majeur. *Ut-d. mi-d. sol-d. si, fa-d. la-d. ut-d.*
Mineur. *Mi-d. sol-d. si ré, fa-d. la ut-d.*

Mineur

Min. encore. *Sol-d. ſi ré fa-d.* &
Ut-d. mi-d. ſol-d. ſi, fa-d. la ut-d.

11°. En *Sol-dieze* ou en *la-bémol*,
(8 & 5 *diezes*, ou 4 & 7 *bémols.*)

Cette fois je préfere *la-bémol*, tant pour le majeur que pour le mineur, l'exception de la ſenſible du mode mineur m'indemniſe ; *ſol* eſt ma ſenſible, c'étoit *fa-double-dieze*, ſi j'avois préféré en mineur les 5 *diezes.*

Majeur. *Mi-b. ſol ſi-b. ré-b., la-b. ut mi-b.*
Mineur. *Sol ſi-b. ré-b. fa-b., la-b. ut-b. mi-b.*
Min. encore. *Si-b. ré-b. fa-b. la-b.* &
Mi-b. ſol ſi-b. ré-b., la-b. ut-b. mi-b.

12°. En *la-dieze* ou en *ſi-bémol*,
(10 & 7 *diezes*, ou 2 & 5 *bémols.*)

Tout décide en faveur de *ſi-bémol.*

Majeur. *Fa la ut mi-b., ſi-b. ré fa.*
Mineur. *La ut mi-b. ſol-b., ſi-b. ré-b. fa.*
Min. encore. *Ut mi-b. ſol-b. ſi-b.* &
Fa la ut mi-b., ſi-b. ré-b. fa.

Ayant exercé la tête, exerçons auſſi

les doigts ; recommençons & familiarisons-nous sur l'inftrument avec ces trois annonces ; difons - les dans toutes les octaves ; fuivons le même ordre, fans nous inquiéter de chaînes, ni de liaifons ; ajoutons la baffe que j'ai donné ci-deffus en *ut* ; les premieres & principales notes des harmonies, la quinte, la fenfible & la tonique de la gamme faifoient mon affaire dans les deux premieres annonciations ; la tonique figuroit dans la troifieme, & pour la double diffonance, & pour l'intonation follicitée. Choififfons auffi les pofitions des harmonies ; évitons les fons trop aigus & les fons trop graves ; tenons avec les deux mains le milieu de l'inftrument.

Je crois que le Lecteur *Difciple* me difpenfe de lui écrire encore une fois ces annonces ; de lui-même il ordonnera le tout ; mais il pourroit bien fe faire qu'il ne foit pas d'accord avec moi fur mon choix de baffe ; car dans la feconde partie, les baffes étoient toujours uniffons des notes de l'harmonie, & dans la troisieme annonce la tonique est basse pour la dissonance de dominante qui ne renferme aucun unisson de la tonique. Si le Disciple est choqué de cette licence, il est le maître d'abandonner ma basse, & d'en choisir une autre; pourvu qu'il permette aussi au génie, (*non pas au mien*; *j'admire, j'observe & j'analyse celui des autres*,) d'avoir par fois des fantaisies.... Les unissons des notes de l'harmonie contentent bien la raison, mais le génie plus hardi va au-delà de son timide empire; souvent il annonce le ton, ou rappelle sa consonnance principale par la dissonance de la sensible, tandis qu'à la basse il sonne déja, par *anticipation*, la tonique, la tierce ou la quinte. Dans les chefs-d'œuvre de Musique, la tonique & la tierce sonnent aussi très-souvent, par *anticipation*, à la basse, tandis que l'harmonie dissonante de dominante annonce ou rappelle la consonnance des sons de la nature.

102. Reſtons devant l'inſtrument, & revenons ſur les exemples de l'article 69; annonçons chaque ton des lignes de quarte par l'harmonie diſſonante de dominante; employons la double diſſonance pour annoncer les tons de la ligne de quinte; n'y touchons pas au cinquieme exemple, les conſonnances du changement de mode & du majeur de la quinte ſe ſuccedent mieux ſans annonces; dans le ſixieme exemple, les tons ſont encore alternativement majeurs & mineurs; annonçons les majeurs par l'harmonie diſſonante de dominante, & les mineurs par la diſſonance de la ſenſible. Abandonnons les baſſes & les poſitions données; réglons-les ſur les baſſes & ſur les poſitions des annonces; prenons celles-ci à volonté, l'oreille & les yeux nous rappelleront de reſte les notions des articles 66, 67 & 68. Prolongeons par fois les annonces, & faiſons ſonner à la baſſe ſucceſſivement tous les uniſſons des notes de l'harmonie diſſonante.

Revenons auſſi un peu ſur les exemples des articles 70, 71 & 72. Recommençons la chaîne générale de l'article 70, conſervons la baſſe indiquée, & annonçons les tons mineurs par la diſſonance de ſenſible, & les majeurs par l'harmonie diſſonante de dominante.

Dans l'article 71, n'annonçons que les tons relatifs, & cela par la diſſonance de la ſenſible.

Dans l'article 72, annonçons par l'harmonie diſſonante de dominante les tons intermédiaires, qui ſe ſuccedent par quarte; annonçons par la double diſſonance ceux qui ſe ſuccedent par quinte; annonçons par la diſſonance de ſenſible ceux qui ſe ſuccedent par tierce ou par ſeconde; prononçons ſimplement ceux qui ſe ſuccedent par changement de mode, ou par ſaut; opérons de même ſur le ton qui eſt notre but.

Le Diſciple zélé, qui voudra revenir ſur ces exemples, ſera le maître des baſſes, des poſitions harmoniques & de leur ordonnance ; pourvu que ſon oreille ſoit ſatisfaite, perſonne n'aura rien à lui dire.

Pour remplir ſcrupuleuſement la tâche que je me ſuis impoſé dans l'article précédent, je vais finir celui-ci par un exemple fondé ſur toutes les marches de tons, & ſur toutes les annonces. Chacun pourra faire autant, en ſuivant l'article 73, & en ſe rappellant ce que j'ai promis, page 170.

EXEMPLE.

Sur la chaîne générale des tons annoncés.

BASSES.	HARMONIES.	
Ut,..	*mi ſol* ut, premier ton.	
Mi...	ut *mi ſol ſi-b.*, annonce.	
Fa,..	*ut* fa *la*, ligne de quarte.	
Fa...	*ut* ré *fa la*,	annonce.
Fa...	*ſi ré fa* ſol,	
Mi,..	ut *mi ſol*, ligne de quinte.	
Mi...	ut-d. *mi ſol ſi-b.*, annonce.	

BASSES.	HARMONIES.
Ré,..	ré *fa la*, détour ſur la ſeconde.
Ré,..	ré *fa-d. la*, changement de mode.
Ré d.,	*ré-d. fa-d.* ſi, ſaut de ſixte.
Si...	*ré-d. fa-d. la* ſi, annonce.
Mi,..	mi *ſol-d. ſi*, ligne de quarte.
Ré...	mi *ſol-d. ſi ré*, annonce.
Ut-d.,	*mi* la *ut-d.*, ligne de quarte.
Ut-d..	mi-d. *ſol-d. ſi ré*, annonce.
Ut-d.,	fa-d. *la ut-d.*, détour ſur la ſixte.
Ut-d..	ré-d. *fa-d. la ut-d.*, } annonce.
Ut-d..	*ré-d. fa-d.* ſol-d. *ſi-d.*, }
Ut-d.,	*mi ſol-d.* ut-d., ligne de quinte.
Ut-d.,	*mi-d. ſol-d.* ut-d., changement de mode.
Mi-d..	ut-d. *mi-d. ſol-d. ſi*, annonce.
Fa-d.,	*ut-d.* fa-d. *la-d.*, ligne de quarte.
Mi...	*ut-d. mi* fa-d. *la-d.*, annonce.
Ré-d.,	*ré-d. fa-d.* ſi, ligne de quarte.
Ré,..	*ré fa-d.* ſi, changement de mode.
Mi,..	ut *mi ſol* ut, ſaut majeur d'un demi-ton plus haut.

BASSES.	HARMONIES.
Mi...	ut *mi sol si-b.*, annonce.
Fa,..	*ut* fa *la*, ligne de quarte.
Fa-d.,	ré *fa-d. la ut*, annonce.
Sol,..	*ré* sol *si*, saut de seconde,
Sol-d..	*ré fa* sol-d. *si*, annonce.
La,..	*ut mi* la, détour sur la seconde.
Sol...	ut *mi sol si-b.*, annonce.
Fa,..	*ut* fa *la*, détour sur la sixte.
Fa-d...	*ut mi-b.* fa-d. *la*, annonce.
Sol,..	*si-b. ré* sol, détour sur la seconde.
Fa...	si-b. *ré fa la-b.*, annonce.
Mi b.,	*si-b.* mi-b. *sol*, détour sur la sixte
Ré-b.,	*ré-b. fa* si-b., saut de quinte.
Ut,..	ut *mi sol si-b.*, annonce.
Fa,..	*ut* fa *la-b.*, ligne de quinte.
Fa,..	*ut* fa *la*, changement de mode.
Mi...	ut-d. *mi sol si-b.*, annonce.
Ré,..	ré *fa la*, détour sur la sixte.
Ut...	*ut mi-b.* fa *la*, annonce.
Si-b.,	si-b. *ré fa* si-b., détour sur la sixte.
Si,..	si *ré fa la-b.*, annonce.
Ut,..	ut *mi-b. sol*, détour sur la seconde.

BASSES.	HARMONIES.
La-b.,	*ut mi-b.* la-b., détour ſur la ſixte.
Sol-b.	*ut mi-b. ſol-b.* la-b., annonce.
Fa,..	ré-b *fa la-b.*, ligne de quarte.
Fa...	ré *fa la-b. ut-b.*, annonce.
Mi-b.,	mi-b. *ſol-b. ſi-b.*, détour ſur la ſeconde.
Mi-b.,	mi-b. *ſol ſi-b.*, changement de mode.
Ré...	*ré fa* ſol *ſi*, annonce.
Ut,..	ut *mi b. ſol* ut, détour ſur la ſixte.
Ut,..	ut *mi ſol* ut, changement de mode.
&c.	&c.

La baſſe & les poſitions harmoniques ſont données dans cet exemple ; le prononçant ſur l'inſtrument, le Diſciple n'eſt plus chargé que du ſoin de placer les notes de la baſſe & des harmonies dans les octaves du milieu de l'inſtrument, enfin d'éviter les ſons trop aigus & les ſons trop graves, qui ne conviennent qu'aux caprices de la mélodie : il eſt le maître de plaquer les harmonies avec la basse, ou bien de les harpégier & de les embellir suivant les notions des articles 40, 41, 42, 43 & 44; s'il choisit une batterie qui exige toujours quatre notes, il peut ajouter un unisson à chaque consonnance, & s'il n'a besoin que de trois notes, il peut toujours omettre dans l'harmonie l'unisson de la basse. La ponctuation est indéterminée, chacun la mettra à sa guise, répétera, quand il le jugera à propos, les consonnances & les dissonances, pour faire durer un peu tantôt les annonces, & tantôt les repos.

On pourroit prolonger cette chaîne à l'infini, y faire entrer tous les tons & tous les changemens; on auroit toujours des combinaisons nouvelles, & souvent de très-piquantes.

Le Disciple doit s'arrêter ici, s'il croit pouvoir un jour grossir le nombre des génies créateurs. Il faut qu'il familiarise sa tête avec la chaîne générale & indéterminée des tons prononcés & annoncés, car on ne choisit bien les marches particulieres de chaque morceau, que quand on est maître de toutes les marches. Il pourroit, *par exemple*, 1°. parcourir rapidement & idéalement, abstraction faite des intonations & des annonces, des étendues telles que la suivante....

Ut majeur, ...	premier ton.
Fa majeur, ...	ligne de quarte.
Ré mineur, ...	détour sur la sixte.
La mineur, ...	ligne de quinte.
Si-bémol majeur, ..	saut majeur d'un demi-ton plus haut.
Sol majeur, ...	saut de sixte.
Ré majeur, ...	ligne de quinte.
Mi mineur, ...	détour sur la seconde.
Ut majeur, ...	détour sur la sixte.
Ré mineur, ...	détour sur la seconde.
Si-bémol majeur, ..	détour sur la sixte.
Si-bémol mineur, ..	changement de mode.
La-bémol mineur, ..	saut de septieme.

Mi-bémol majeur,	majeur de la quinte.
Fa mineur, ...	détour ſur la ſeconde.
Fa majeur, ...	changement de mode.
Mi mineur, ...	détour ſur la ſeptieme.
Si mineur, ...	ligne de quinte.
Ré mineur, ...	ſaut de tierce.
Ré majeur, ...	changement de mode.
La majeur, ...	ligne de quinte.
Mi majeur, ...	ligne de quinte.
Sol-dieze mineur,	détour ſur la tierce.
Ut-dieze mineur,	ligne de quarte.
Ut-dieze majeur,	changement de mode.
&c.	&c.

2°. Il pourroit revenir ſur ſa chaîne, prononcer l'intonation de chaque ton ; & 3°. annoncer les tons dont la ſucceſſion d'intonations choqueroit ſon organe.

L'enfant du génie, qui ſait chanter ou jouer d'un inſtrument, pourroit ici exercer ſon chant mélodieux, diſant tantôt tous les ſons de l'harmonie, & tantôt choiſiſſant ceux qui plaiſent à ſa fantaiſie, mêler par fois avec ceux-ci les autres notes de la gamme & même tous les ſons poſſibles de l'octave, pour donner aux ſons de l'harmonie des ombres & des demi-teintes. Car les élémens de la chaîne générale ſont la baſe du *prélude* des *caprices*, & de tout ce qu'on nomme vulgairement *point d'orgue*.

Le Lecteur qui borne ſon ambition à ſavoir admirer les chefs-d'œuvre d'autrui, paſſera légérement ſur la chaîne générale & indéterminée des articles 69, 70, 71, 72, 73 & du préſent article ; il atteindra ſon but, s'il s'occupe férieuſement des articles qui les précedent, & qui leur ſuccedent.

103. Nos trois annonces pourroient auſſi embellir les exemples de la chaîne particuliere des tons, mais il ne faut pas toujours revenir ſur ſes pas ; avançons, nous trouverons des conſtructions nouvelles, & toutes les annonces employées. D'ailleurs, les conſtructions des derniers articles de la ſeconde partie, tant du *récitatif* que de l'*ariette*, ſont aſſez rares ; on pourroit bien les laiſſer ſubſiſter telles

qu'elles ſont, juſqu'au temps où nos Compoſiteurs célebres auront enrichi l'art de ces ſortes de productions.

104. Les conſonnances analogues ne ſont pas les ſeules harmonies qui phraſent avec les conſonnances repos, les harmonies diſſonantes de la gamme *contraſtent* bien davantage avec ces mêmes repos. En *ut*, la conſonnance de quinte *ſol ſi ré* phraſe avec le principal repos, avec la conſonnance de la nature *ut mi ſol*, à cauſe des ſons *appels ſi* & *ré*, qui ſont conjoints avec les ſons repos *ut* & *mi*; ils contraſtent & diſſonent avec les ſons de la nature. La diſſonance de dominante *ſol ſi ré fa* renferme 3 ſons conjoints, qui contraſtent & diſſonent avec les mêmes ſons de la nature; de plus, cette harmonie diſſone en elle-même, comme nous avons vu ci-deſſus; donc elle exige doublement le repos. La conſonnance de ſeconde *ré fa la* phraſe avec le ſecond repos, avec le repos de la conſonnance de quinte *ſol ſi ré*, à

cause des notes *fa* & *la*, qui contrastent & dissonent avec *sol* & *si*, premieres notes de la consonnance repos ; dans la dissonance de seconde *ré fa la ut*, trois notes contrastent & dissonent avec les mêmes notes de la consonnance repos ; de plus, cette harmonie dissone en elle-même, donc elle exige doublement un repos. On peut dire la même chose de toutes les dissonances de la gamme ; les unes renferment des notes qui *contrastent* & qui dissonent avec les sons de la consonnance du principal repos (*repos de la tonique*) ; & les autres renferment quelques notes qui *contrastent* & qui dissonentavec les sons de la consonnance du second repos (*repos de quinte*).

Donc les dissonances de la gamme phrasent avec la consonnance de la tonique, ou avec la consonnance de la quinte. La dissonance de la quarte phrase avec la consonnance de la quinte de la même maniere que la dissonance de sensible phrase avec la consonnance de la tonique.

La diſſonance de ſeconde qui ſollicite le repos de quinte, conduit auſſi au repos principal. La diſſonance de ſixte phraſe avec la conſonnance de quinte, de la même maniere que la diſſonance de ſeconde phraſe avec la conſonnance de tonique. La diſſonance de tonique mene aux ſons harmoniques de la conſonnance de quinte. Enfin, la diſſonance de tierce ne ſollicite que le retour de la tonique.

La diſſonance de dominante phraſe auſſi par fois avec la conſonnance de la ſixte, pour *ſuſpendre* la concluſion de la phraſe finale. Cette conſonnance ainſi amenée, forme un troiſieme repos dans la gamme, un *repos ſuſpenſif.*

105. Le point, les deux points & la virgule & point figurent pour les trois principaux repos de la gamme. (art. 75.) Récapitulons les harmonies qui conduiſent à ces trois repos; commençons par le principal, par le repos de tonique, par le *point harmonique.*

Si la conſonnance de la nature peut ſuccéder

ſuccéder immédiatement à toutes les harmonies de la gamme ; chacune pourtant ne contraſte & ne diſſone pas aſſez avec elle, pour exiger ſon retour. Trois diſſonances ſeulement phraſent avec la conſonnance de la nature, les diſſonances de dominante, de ſenſible & de ſeconde. Les conſonnances de la dominante, de la quarte & de la ſeconde phraſent auſſi avec l'harmonie de la nature.

Phraſes qui terminent au repos principal de la gamme, par ordre & par gradation du moins au plus.

1°. En majeur.

Conſonnance de quarte, conſ. de tonique.
conſ. de ſeconde..... conſ. de tonique.
diſſonance de ſeconde.. conſ. de tonique.
conſ. de dominante... conſ. de tonique.
diſſ. de dominante.... conſ. de tonique.
diſſ. de ſenſible...... conſ. de tonique.

2°. En mineur.

Conſonnance de quarte, conſ. de tonique.

diſſonance de ſeconde...	conſ. de tonique.
conſ. de dominante....	conſ. de tonique.
diſſ. de dominante....	conſ. de tonique.
diſſ. de ſenſible......	conſ. de tonique.

La conſonnance de la quinte ne phraſe pas non plus avec toutes les conſonnances & avec toutes les diſſonances qui la ſollicitent. Les harmonies de la ſeconde, de la quarte & de la ſixte, avec la conſonnance de la tonique, ſont les ſeules qui *contraſtent* & qui diſſonent aſſez avec elle, pour exiger en phraſe ſon retour & un repos harmonique de deux points.

Phraſes qui terminent au repos de quinte, par ordre & par gradation du moins au plus.

1°. En majeur.

Conſ. de tonique.....	conſ. de quinte.
conſ. de ſixte.......	conſ. de quinte.
diſſonance de ſixte...	conſ. de quinte.
conſ. de ſeconde.....	conſ. de quinte.
diſſonance de ſeconde .	conſ. de quinte.

conſ. de quarte...... conſ. de quinte.
diſſ. de quarte....... conſ. de quinte.

2°. En mineur.

Conſ. de tonique. conſ. majeur de quinte.
conſ. de ſixte... conſ. majeur de quinte.
diſſ. de ſixte.... conſ. majeur de quinte.
diſſ. de ſeconde.... conſ. majeur de quinte.
conſ. de quarte... conſ. majeur de quinte.
diſſ. de quarte... conſ. majeur de quinte.

La conſonnance de la ſixte n'eſt repos ſuſpenſif, repos harmonique de virgule & point, que quand elle ſuccede dans la phraſe finale à la conſonnance ou à la diſſonance de dominante ; car on ne peut ſuſpendre la concluſion, que quand on a donné des preuves ſuffiſantes pour pouvoir conclure. La conſonnance de dominante eſt la ſeule des analogues qui puiſſe amener immédiatement le repos final. (art. 75.) La diſſonance de dominante a la même force perſuaſive, elle a le pas sur les deux autres dissonances qui phrasent encore avec la consonnance principale. La dissonance de seconde ne contraste & ne dissone pas assez avec les sons de la nature, pour pouvoir amener le repos final; la dissonance de la sensible contraste, dissone & fatigue trop, pour pouvoir amener un bon repos.

La dissonance de sixte & même la consonnance de quarte prennent souvent la place de la consonnance de sixte, pour suspendre la conclusion de la phrase finale.

Le génie musical a enrichi l'art de deux autres bonnes suspensions : pour l'une, voyez la phrase finale de la derniere construction *ariette* de la deuxieme partie de *cet Essai*, page 130. Une harmonie étrangere à la gamme suspend la conclusion après une répétition de la phrase finale; à cette harmonie *suspensive* succede immédiatement une prononciation de la consonnance principale, elle presse & avertit l'oreille de l'arrivée de la vraie phrafe finale. Cette fufpenfion extraordinaire fait un bel effet dans tous les tons mineurs ; c'eft la confonnance majeure du faut d'un demi-ton plus haut ; elle eft précédée & fuivie d'une confonnance ; elle fufpendra très-bien toutes les fois que les baffes & les harmonies chemineront vers la conclufion, comme dans l'exemple cité ci-deffus.

L'autre fufpenfion extraordinaire eft encore une harmonie étrangere à la gamme ; c'eft la diffonance mineure de la fenfible de quinte, qui fufpend aujourd'hui très-fouvent la conclufion de la phrafe finale après les harmonies de dominante, & même après la diffonance de feconde.

Pour trouver facilement dans toutes les octaves cette feconde harmonie *fufpenfive* extraordinaire, il faut fuppofer que la quinte eft tonique d'une gamme mineure, & prendre la diffonance de fa fenfible ; & comme la diffonance de fenfible eft auffi nommée harmonie de tous les fons *appels* de la gamme, (art.

92.) nous dirons ici harmonie ou dissonance mineure des *appels* de la quinte, ou tout simplement les *appels* mineurs de la quinte. L'harmonie *fa-dieze* la ut *mi-bémol*, qui est la dissonance de sensible en *sol* mineur, est donc aussi l'harmonie des *appels* mineurs de la quinte en *ut*, & suspendra par extraordinaire la conclusion de la phrase finale, après les harmonies de la dominante *sol si ré* & *sol si ré fa*, & après la dissonance de seconde, tant en majeur qu'en mineur, après *ré fa la ut* & après *ré fa la-bémol ut*.

Le génie, pour employer ces suspensions extraordinaires, prolonge la phrase finale, la répete & la prépare, ou par une simple prononciation de la consonnance de la nature, ou par une phrase moins concluante. Dans les exemples de quelques-uns des art. suivans, nous trouverons la marche des phrases finales composées, tant pour la basse que pour les harmonies.

106. Il y a un quatrieme repos dans la gamme, c'est la *virgule harmonique:*

les consonnances de tierce, de seconde & de septieme sont des repos de virgule; elles sont par fois amenées par des harmonies qui *contrastent* & qui dissonent assez avec elles, pour exiger une petite pause de phrase. Chaque dissonance contraste avec plusieurs consonnances; la dissonance de sixte, *par exemple*, contraste avec les consonnances de quinte & de seconde, comme la dissonance de seconde contraste avec les consonnances de tonique & de quinte. La dissonance de sensible, qui exige le retour de la consonnance de la tonique, phrase aussi très-bien avec la consonnance de tierce. La dissonance de quarte, qui phrase avec la consonnance de quinte, amene aussi par fois, en mineur, le repos de virgule de la consonnance de septieme.

Les consonnances de sixte & de quarte sont aussi très-souvent amenées comme des repos de simples virgules; l'une par les harmonies de tierce, & l'autre par les harmonies de tonique.

107. Ici, comme à l'article 75, la phrase finale peut être composée & progressive ; les dissonances peuvent prendre la place des consonnances analogues, & solliciter le repos principal dans une double, triple, quadruple & quintuple phrase ; même toutes les dissonances de la gamme peuvent concourir & exiger dans une phrase progressive le retour du repos de la consonnance de la nature. L'exemple pourra plaire au Disciple ; je m'arrête en *ut* majeur.

Phrase finale simple.

Sol si ré fa, dissonance de dominante,
Ut mi sol, consonnance principale.

Phrase finale double.

Ré fa la ut, dissonance de seconde,
Sol si ré fa, dissonance de dominante,
Ut mi sol, consonnance principale.

Phrase finale triple.

La ut mi sol, dissonance de sixte,
Ré fa la ut, dissonance de seconde,
Sol si ré fa, dissonance de dominante,

Ut mi ſol , conſonnance principale.

Phraſe finale quadruple.

La ut mi ſol , diſſonance de ſixte ,
Fa la ut mi , diſſonance de quarte ,
Ré fa la ut , diſſonance de ſeconde ,
Sol ſi ré fa , diſſonance de dominante ,
Ut mi ſol , conſonnance principale.

Phraſe finale quintuple.

Mi ſol ſi ré , diſſonance de tierce ,
La ut mi ſol , diſſonance de ſixte ,
Fa la ut mi , diſſonance de quarte ,
Ré fa la ut , diſſonance de ſeconde ,
Sol ſi ré fa , diſſonance de dominante ,
Ut mi ſol , conſonnance principale.

Phraſe finale progreſſive.

Ut mi ſol ſi , diſſonance de la tonique ,
Fa la ut mi , diſſonance de quarte ,
Si ré fa la , diſſonance de ſenſible ,
Mi ſol ſi ré , diſſonance de tierce ,
La ut mi ſol , diſſonance de ſixte ,
Ré fa la ut , diſſonance de ſeconde ,
Sol ſi ré fa , diſſonance de dominante ,
Ut mi ſol , conſonnance principale.

Le Lecteur qui voudra prononcer ces phrases sur l'instrument, mettra toujours les premieres notes des harmonies à la basse, choisira & ordonnera de lui-même les positions.

Les phrases composées sont plus intéressantes, si on mêle un peu les consonnances avec les dissonances, & sur-tout si on commence à solliciter le repos foiblement par des consonnances, & ensuite plus fortement par les dissonances.

108. On peut aussi arriver par gradation au repos de quinte & au repos de virgule. Allant, en mineur, au repos de quinte par phrases composées, on peut rendre les gradations presqu'imperceptibles, altérant, suivant les notions de l'art. 92, les dissonances de seconde & de quarte qui y conduisent immédiatement.

En *ut*, la dissonance de seconde *ré fa la-bémol ut*, ainsi renforcée, se change en la dissonance *ré fa-d. la-b. ut*, qu'on nomme harmonie superflue, qui est une douzieme dissonance pour les tons mineurs

La dissonance de quarte *fa la-b. ut mi-b.*, renforcée suivant les mêmes notions, se change en l'harmonie *fa-d. la-b. ut mi-b.*, treizieme dissonance des tons mineurs, qu'il faut nommer dissonance de la sensible de quinte.

L'harmonie des quatre *appels* mineurs de quinte, qui est une des suspensions citées dans l'art. 105, augmente encore le nombre des dissonances en mineur, & multiplie par fois les gradations des phrases composées, qui terminent au repos de quinte.

Ces trois nouvelles harmonies sont aujourd'hui tant employées en Musique, qu'on peut les regarder comme essentielles au mode mineur, quoiqu'elles renferment toutes les trois des notes étrangeres à la gamme. Cette licence ne doit pas étonner ; il y a long-temps que le mode mineur n'est plus pur. Dans les phrases suivantes, pour le ton mineur d'*ut*, les trois dissonances extraordinaires sont employées.

Phrase double qui termine au repos de quinte.

Ré fa la-b. ut, dissonance de seconde,
Ré fa-d. la-b. ut, harmonie superflue,
Sol si ré, ... consonnance de quinte.

Phrase triple qui termine au repos de quinte.

Fa la-b. ut mi-b., dissonance de quarte,
Fa-d. la-b. ut mi-b., dissonance de la sensible de quinte,
Fa-d. la ut mi-b., harmonie des 4 *appels* mineurs de quinte,
Sol si ré, ... consonnance de quinte.

La-bémol & *sol* sont les deux notes qui sonnent le mieux à la basse dans la premiere phrase; *la-bémol* pour les deux dissonances, & *sol* pour la consonnance. Dans le second exemple, il faut dire à la basse *la-bémol* pour les 2 premieres dissonances, *la* pour la troisieme, & *sol* pour le repos.

Chacune de ces trois diſſonances extraordinaires phraſe auſſi très-bien à elle ſeule avec la conſonnance de quinte : ce qui augmente le nombre de phraſes ſpécifiées dans l'article 105, pour terminer par les *deux points harmoniques.*

109. Ces harmonies extraordinaires nous donnent deux nouvelles eſpeces de diſſonances. Dans l'harmonie ſuperflue, *ré fa-d. la-b. ut*, une tierce moindre que la mineure, la tierce diminuée ſépare la note *fa-dieze* du *la-bémol* ; les deux autres tierces qui aident à ſéparer les 4 notes de la diſſonance, ſont toutes les deux majeures. Dans la diſſonance de la ſenſible de quinte, *fa-d. la-b. ut mi-b.*, toutes les trois tierces ſont différentes ; le nouvel intervalle, la tierce diminuée, concoure avec la tierce majeure & avec la tierce mineure, pour ſéparer les 4 notes de cette diſſonance. L'harmonie des quatre *appels* mineurs de quinte ſe confond avec la diſſonance de ſenſible d'une gamme mineure.

Le Disciple voudra sans doute anticiper, & prédire une dixieme espece de dissonance, pour séparer les 4 notes de l'harmonie avec trois tierces majeures. Je suis fâché d'être obligé de le contrarier, mais une telle harmonie est impossible, de cette espece seroit l'harmonie.....

Ut mi sol-dieze si-dieze.

Or le *si-dièze* exclut l'*ut* de toute gamme; ces deux notes ne peuvent pas exister ensemble. Donc....

110. Les phrases que font les dissonances de seconde, de dominante & de sensible, avec la consonnance principale, sont par fois inverses dans la construction, la consonnance commence la phrase, la dissonance marque le repos, mais ce repos n'est pas définitif, c'est une espece de virgule suspensive, après elle il faut nécessairement ramener le vrai repos de la consonnance principale dans une phrase directe. La phrase inverse commence un sens; la phrase directe qui suit, le dé-

termine. Les deux phrases n'appartiennent pas toujours à une même gamme ; souvent la phrase inverse est dans un ton, & la phrase directe est dans un autre. Les deux phrases sont tantôt composées des mêmes harmonies, & tantôt elles changent de dissonances. La phrase inverse, produite par la consonnance principale & par la dissonance de seconde, est même suivie par fois d'une phrase directe, qui termine à un nouveau repos.

Exemples.

1e. *Ut mi sol.... sol si ré fa ;* phrase inverse.
Sol si ré fa... ut mi sol. phrase directe.
2e. *Ut mi sol.... sol si ré fa ;* phrase inverse.
Ré fa-d. la ut.... sol si ré. phrase directe.
3e. *Ut mi sol.... sol si ré fa ;* phrase inverse.
Ut mi sol si-b... fa la ut. — phrase directe.
4e. *Ut mi-b. sol... si ré fa la-b. ;* phrase inverse.
Sol si ré fa... ut mi-b. sol. phrase directe.
5e. *Ut mi sol.... ré fa la ut ;* phrase inverse.
Sol si ré fa... ut mi sol. phrase directe.
6e. *Ut mi-b. sol... ré fa la-b. ut ;* phrase inverse.
Ré fa-d. la-b. ut.. sol si ré : phrase directe.

7°. *Ut mi ſol.... ré fa la ut;* phraſe inverſe.
Ré fa la ut... fa-d. la ut mi-b.; phraſe dir.
Sol ſi ré fa... ut mi ſol. phraſe directe, finale.

Dans le ſeptieme exemple, il faut une troiſieme phraſe, pour compléter le ſens que la premiere phraſe directe ſuſpend.

Le Diſciple trouvera aiſément une baſſe pour ces harmonies, s'il a la fantaiſie d'ordonner leurs poſitions pour l'inſtrument.

111. Rappellons-nous les notions ſur l'étendue des harmonies, développée dans la conſéquence du cinquieme corollaire de l'art. 97, & nous comprendrons auſſi les phraſes de ſurpriſe, qui ornent par fois les compoſitions muſicales. A notre tour nous ferons des merveilles.... Etabli en *ut*, & phraſant avec la diſſonance de ſenſible, on peut rompre la phraſe, prendre l'harmonie *ſi ré fa la*, pour diſſonance de ſeconde en *la*, diriger cette diſſonance vers le repos de la tonique *la*, ou vers le repos de ſa quinte

mi :

mi : & on aura par ſurpriſe . . . .

Si ré fa la— la ut mi,
ou *Si ré fa la— mi ſol-d. ſi* :

quand l'oreille s'y attend à la phraſe . . . . .

Si ré fa la— ut mi ſol.

Diſant une phraſe compoſée, on peut profiter de l'étendue de chaque diſſonance, quitter le ton, & par ſurpriſe terminer la phraſe dans un ton nouveau. *Par exemple*, dans la quintuple phraſe de l'article 107, rompant à la quatrieme diſſonance, *ré fa la ut*, on peut la regarder comme diſſonance de tierce, lui faire ſuccéder la dominante, *fa la ut mi-b*, pour terminer par ſurpriſe la phraſe en *ſi-bémol*.

Dans la phraſe progreſſive toutes les diſſonances de la gamme ſont employées dans un ordre conſtant ; les premieres notes des harmonies vont toujours de quarte en quarte, ſuivant les notes de la gamme en montant. Profitant de l'étendue des harmonies, on peut allonger & raccourcir la phraſe , la faire paſſer par ſurpriſe en différens tons. Prenant, *par exemple*, la diſſonance de tonique , *ut mi ſol ſi*, pour diſſonance de ſixte & continuant la progreſſion, il faut dire , *fa-d. la ut mi* , pour ſeconde diſſonance, *ſi ré-d. fa-d. la* pour troiſieme qui eſt dominante en *mi* où on pourroit terminerla phraſe. Mais regardant de nouveau cette diſſonance comme une diſſonance de ſeptieme , on eſt en *ut-dièze* mineur où on peut continuer la progreſſion , diſant , pour quatrieme diſſonance , *mi ſol-d. ſi ré-d.* ; regardant celle-ci comme une diſſonance de tonique, *la ut-d. mi ſol-d.* ſera la cinquieme diſſonance. Celle-ci priſe pour harmonie de ſixte, il faut encore deux diſſonances pour terminer en *ut-dièze* mineur. Voulant prolonger la phraſe, on prendra la derniere diſſonance pour une diſſonance de tonique, & on dira pour ſixieme diſſonance, *ré fa-d. la ut-d.*, pour ſeptieme, *ſol-d. ſi ré fa-d.*, pour huitieme, *ut-d. mi ſol-d. ſi*, qui eſt diſſonance de tierce ; la regardant comme diſſonance de ſeconde & continuant l'ordre de la progreſſion on aura la dominante *fa-d. la-d. ut-d. mi*, ſi on veut finir en *ſi*.

On pourroit ainſi continuer une progreſſion commencée, & la faire paſſer par *ſurpriſe* dans tous les tons majeurs & mineurs.

L'étendue naturelle des harmonies donne encore une ſurpriſe très-agréable. *Par exemple*, étant établi en mineur d'*ut*, & phraſant avec la diſſonance de ſenſible, *ſi ré fa la-b.*, on peut la regarder comme harmonie des quatre appels mineurs de quinte en *fa*, & lui faire ſuccéder la conſonnance majeure d'*ut* comme conſonnance de quinte. Dans ce cas, on aura par ſurpriſe......

Si ré fa la-bémol— ut mi ſol:

quatre *appels* mineurs de quinte, & repos de quinte en *fa*, tandis que l'oreille s'y attend à la phraſe ſuivante en *ut* mineur...

Si ré fa la-bémol— ut mi-bémol ſol.

112. La diſſonance de ſenſible des tons mineurs a auſſi une étendue extraordinaire, avec laquelle on peut faire des ſurpriſes plus étonnantes. Les quatre ſons qui compoſent cette diſſonance appartiennent à quatre tons ; chaque ſon eſt ſenſible & les quatre ſons ſont les quatre *appels* mineurs des quatre tons. La diſſonance de ſenſible *ſi ré fa la-bémol*, mene par ſurpriſe en *ut* mineur, en *mi-bémol* mineur, en *fa-dieze* mineur & en *la* mineur. Les quatre *appels* de ces quatre tons ſont...

Si, ré, fa, la-b., . . . 4 *appels* en *ut* mineur.
ré, fa, la-b. ut-b. . . 4 *appels* en *mi-b.* min.
mi-d. ſol-d. ſi, ré, . 4 *appels* en *fa-d.* min.
ſol-d. ſi, ré, fa, 4 *appels* en *la* min.

La note *fa* donne le même ſon que la note *mi-dieze* ; les notes *la-bémol* & *ſol-dieze*, donnent auſſi le même ſon ; *ſi* & *ut-bémol* encore un même ſon. Donc les 4 *appels* mineurs appartiennent à 4 tons. Donc phraſant en *ut* mineur avec la diſſonance de ſenſible on peut ſauver cette diſſonance par ſurpriſe en *mi-bémol* mineur, en *fa-dieze* mineur ou en *la* mineur.

Ces ſurpriſes ſont nommées tranſitions *enharmoniques*, elles ſont rares en Muſique ; l'identité du ſon *appel la-bémol* & du ſon *appel ſol-dieze* n'eſt pas la même que l'identité de la tonique *la-bémol* & de la tonique *ſol-dieze* dont j'ai parlé ci-deſſus pages 17 & 18. Outre qu'il faille changer de nom dans ces tranſitions *enharmoniques*, il faudroit auſſi hauſſer imperceptiblement l'*appel la-bémol* pour en faire l'*appel ſol-dieze* : ce qui eſt difficile dans l'exécution. (*q*)

113. Analyſant les articles précédens ſur les annonces de tons & ſur les con-

---

(*q*) C'eſt ici qu'on pourroit placer le *comma* de Pithagore (intervalle *enharmonique*, intervalle d'un neuvieme de *ton*) pour en ſéparer la ſixte mineure d'*ut* de la ſenſible de *la*. Mais je crois que le *virtuoſe* altere les ſons *appels* par inſtinct plutôt que par art.

Je ne m'arrête pas ſur la tranſition *en harmonique* très difficile pour l'exécution & fort rare en compoſition, j'en ai dit un peu plus dans mon *Traité de Muſique*, pages 105, 106, 107, &c.

ſonnances *repos* ſollicitées & amenées, on découvre les mouvemens, les rapports & les notions ſuivantes, qui éclairciſſent la ſucceſſion des harmonies.

1°. Les notes qui diſſonent & qui contraſtent, montent ou deſcendent conſtamment d'un ton ou d'un demi-ton pour aller aux notes de la conſonnance *repos.*

2°. L'intervalle de quarte, compoſé de deux tons & demi, ou l'intervalle de ſeconde, compoſé tantôt d'un ton & tantôt d'un demi-ton, ſépare les premieres notes des deux harmonies qui phraſent. Dans les plus fortes phraſes, la premiere note de l'harmonie qui contraſte, qui fait déſirer & qui amene le repos, eſt au grave de la principale note du repos; elle eſt au contraire à ſon aigu dans les plus foibles phraſes. La premiere note de la conſonnance *repos* eſt au milieu des premieres notes des harmonies qui contraſtent, qui diſſonent & qui ſollicitent. Voici l'exemple pour le repos principal en *ut*...

Sol — Ut — fa
Si — Ut — ré

La consonance principale du ton *ut* le *point harmonique*, fait plaisir à l'oreille après la sollicitation des harmonies de la quarte *fa* & de la seconde *ré*; mais elle la contente bien davantage après la sollicitation des harmonies de la quinte *sol* & de la sensible *si*.

L'exemple suivant représente les premieres notes de la consonnance du repos de quinte & des harmonies qui le sollicitent au grave & à l'aigu ; il est encore pour le ton d'*ut*.

Ré —— *Sol*— *ut*
Fa —— *Sol*— *la*
Fa-dieze— *Sol* — *la-bémol*

3°. Une seule phrase simple ne se laisse pas classer, selon le rapport précédent ; la dissonance de seconde & l'harmonie des quatre *appels* mineurs de quinte phrasent ensemble en tout ton, comme nous avons vu ci-dessus ; or leurs premieres notes sont séparées par un intervalle de tierce. La seconde sépare les premieres notes de toutes les autres phrases *suspensives*.

La tierce ſépare auſſi par fois les premieres ſollicitations des phraſes compoſées & progreſſives.

Si l'intervalle de tierce ſépare les premieres notes des harmonies qui ſe ſuccedent dans la même gamme, il n'y a pas beaucoup de mouvement de l'une à l'autre ; une ſeule note eſt changée, & par conſéquent il n'y a pas aſſez de contraſte pour pouvoir placer un repos, il faut auparavant ajouter au moins une ſollicitation plus forte. Dans la phraſe *ſuſpenſive* extraordinaire qui fait exception, deux notes ſont changées d'une harmonie à l'autre, & elles ne ſont pas toutes priſes dans une même gamme, ce qui augmente le contraſte.

4°. Affirmant des harmonies ce qui ne convient, à proprement parler, qu'à leurs premieres notes, on peut dire en général que les harmonies, dans leur ſucceſſion, marchent par quarte, par tierce & par ſeconde ; car les intervalles de quinte, de ſixte & de ſeptieme ſe réduiſent aux intervalles de quarte, de tierce & de ſeconde.

La quinte à l'aigu eſt une quarte au grave; la ſixte à l'aigu eſt une tierce au grave; & la ſeptieme à l'aigu n'eſt qu'une ſeconde au grave.

Le plus grand intervalle ſépare ordinairement les harmonies dans leur marche ; elles vont le plus ſouvent par quarte, c'eſt la marche harmonique par excellence ; elle eſt obſervée dans les principales phraſes ſimples, compoſées & progreſſives. Les harmonies qui ſe ſuccedent par quarte ont un mouvement tempéré ; ſans être trop fort, il eſt aſſez ſenſible pour faire impreſſion : deux notes changent chaque fois, d'une conſonnance ou d'une diſſonance à l'autre, montent ou deſcendent pour faire place à leurs voiſines.

La ſeconde, le plus petit intervalle, qui ſépare auſſi très-ſouvent les harmonies de la phraſe ſimple, compoſée & progreſſive, paroît principalement fait pour ſéparer une phraſe de l'autre ; car dans la marche harmonique par ſeconde, trois nouvelles notes prennent chaque fois la place de deux ou de trois notes de l'harmonie précédente.

5°. Les trois intervalles ſpécifiés pour ſéparer les premieres notes des harmonies dans leur ſucceſſion, ne ſont pas des eſpaces fixes. La quarte qui eſt ordinairement une diſtance de deux tons & demi, a par fois trois tons, & même quelquefois deux tons ſeulement. Dans la phraſe progreſſive de l'article 107, la ſeconde & la troiſieme diſſonances ſont ſéparées d'un intervalle de quarte, compoſé de trois tons : dans la double phraſe ſuivante...

Ut mi ſol ſi, diſſonance de tierce,
Sol-d. ſi ré fa, diſſonance de ſenſible,
La ut mi, conſonnance principale.

La quarte qui ſépare les deux ſollicitations eſt un intervalle de deux tons ſeulement. Ici le mouvement ordinaire de la la marche par quarte n'eſt plus obſervé ; trois notes changent comme dans la marche par ſeconde.

La tierce qui est ordinairement une distance de deux tons ou d'un ton & demi, est par fois composée seulement d'un ton, comme dans la séparation des deux sollicitations de la phrase double suivante..

La-b. ut mi-b. sol, dissonance de sixte,
Fa-d. la-b. ut mi-b., dissonance de la sensible de quinte,
Sol si ré: — consonnance & repos de quinte.

Dans nos phrases simples nous avons déjà vu des séparations de seconde d'un ton & d'un demi-ton; dans la phrase composée suivante nous pourrons observer un intervalle de seconde, composé de trois demi-tons, qui sépare les deux sollicitations.

Ut mi sol, .. consonnance de sixte,
Ré-d. fa-d. la ut, dissonance de sensible,
Mi sol si. — consonnance principale.

114. On ne trouve pas tant de richesses harmoniques dans chaque morceau de

Musique, mais tout peut entrer dans la construction des différens morceaux qui composent un Poëme ou un autre œuvre musical. Une seule gamme, la dissonance de dominante, les consonnances de tonique & de quinte avec un repos suspensif, suffisent pour compléter le sens de la période.

La phrase finale est susceptible de 14 répétitions dont les nuances de repos font disparoître l'uniformité. Le repos final de la consonnance principale est plus ou moins grand, selon que la basse est tonique, tierce ou quinte. Chacune de ces trois basses de la consonnance repos, peut être amenée par les quatre notes qui composent la dissonance de dominante qui sollicite ; de plus la tonique & la tierce peuvent sonner à la basse par *anticipation*, tandis que la dissonance sollicite encore : voici les 14 répétitions de la phrase finale en *ut* majeur.

	Basses.	Harmonies.
1°.	*Sol...*	*sol si ré fa,*
	Ut. —	*ut mi sol.*

BASSES. HARMONIES.

2°. *Si*... *sol si ré fa*,
Ut.— *ut mi sol*.
3°. *Ré*... *sol si ré fa*,
Ut.— *ut mi sol*.
4°. *Fa*... *sol si ré fa*,
Ut.— *ut mi sol*.
5°. *Sol*... *sol si ré fa*,
Mi.— *ut mi sol*.
6°. *Si*... *sol si ré fa*,
Mi.— *ut mi sol*.
7°. *Ré*... *sol si ré fa*,
Mi.— *ut mi sol*.
8°. *Fa*... *sol si ré fa*,
Mi.— *ut mi sol*.
9°. *Sol*... *sol si ré fa*,
Sol.— *ut mi sol*.
10°. *Si*... *sol si ré fa*,
Sol.— *ut mi sol*.
11°. *Ré*... *sol si ré fa*,
Sol.— *ut mi sol*.
12°. *Fa*... *sol si ré fa*,
Sol.— *ut mi sol*.

	BASSES.	HARMONIES.
13°.	*Ut...*	*ſol ſi ré fa,*
	Ut.—	*ut mi ſol.*
14°.	*Mi...*	*ſol ſi ré fa,*
	Mi.—	*ut mi ſol.*

De ces 14 répétitions la premiere eſt la plus forte, la plus concluante, c'eſt la vraie phraſe finale ; les premieres notes des harmonies ou leurs uniſſons figurent au grave, la baſſe ſonne la quinte durant la ſollicitation, & puis elle parcoure le plus grand eſpace, franchit à la fois 4 dégrés, deſcend d'une quinte, ou bien pour abréger le chemin, elle ne fait qu'un pas de 3 dégrés & monte d'une quarte pour ſonner le principal ſon du repos & pour marquer le point harmonique.

Le repos n'eſt pas auſſi grand dans les répétitions où la baſſe ne fait qu'un petit pas d'un dégré pour monter ou pour deſcendre ſur une note de la conſonnance.

Dans la neuvieme répétition on voit la plus petite nuance de repos ; elle précede & prépare ordinairement, dans la conſtruction, la finale, la cadence parfaite, le vrai point harmonique.

Dans la quatrieme répétition la baſſe fait un pas de 3 degrés & deſcend d'une quarte pour ſonner la principale note du repos : c'eſt-là la cadence irréguliere, la finale incomplette.

Dans la cinquieme répétition on peut voir la cadence imparfaite, la baſſe deſcend & tend vers la tonique, mais elle s'arrête en chemin & ſe repoſe ſur la tierce ou ſur la médiante.

La treizieme répétition eſt principalement faite pour fixer le ton.

Les 14 répétitions ſont également propres aux deux modes de chaque octave : la derniere eſt plus employée en mineur qu'en majeur.

Dans les deux exemples ſuivans on trouvera les répétitions de la phraſe finale les plus agréables & les plus uſitées en Muſique, elles ſont ordonnées avec le repos de quinte & avec un repos ſuſpenſif.

PÉRIODE HARMONIQUE.

Premier exemple.

BASSES. HARMONIES.

Ut,— *mi sol ut*, intonation.
Ut — *ré fa* sol *si*,
Ut;— *mi sol* ut , le ton fixé.
Ré — *ré fa* sol *si*.
Mi,— *mi sol* ut.
Ré — *ré fa* sol *si*.
Ut,— *mi sol* ut.
Sol:— *ré* sol *si* , repos de quinte.
Mi,— *mi sol* ut , prononciation.
Fa — *ré fa* sol *si*.
Mi,— *mi sol* ut.
Si — *ré fa* sol *si*.
Ut,— *mi sol* ut.
Sol— *ré fa* sol *si*.
Sol,— *mi sol* ut.
Sol— *ré fa* sol *si*.
La;— *ut mi* la , repos suspensif.
Sol— *ré fa* sol *si*.
Ut.— *ut mi sol* ut, repos final.

PÉRIODE,

PÉRIODE HARMONIQUE.

Second exemple.

BASSES. HARMONIES.

La,— *ut mi* la, intonation.
Si — *ſi ré* mi *ſol-d.*
Ut,— *ut mi* la.
Ré — *ſi ré* mi *ſol.d.*
Ut — *ſi ré* mi *ſol-d.*
Ut,— *ut mi* la.
Si — *ſi ré* mi *ſol-d.*
La — *ſi ré* mi *ſol-d.*
La,— *ut mi* la.
Mi:— *ſi* mi *ſol-d.*, repos de quinte.
Ut,— *ut mi* la, prononciation.
Si — *ſi ré* mi *ſol-d.*
La.— *ut mi* la.
La — *ut mi* la.
Si,— *ſi ré* mi *ſol-d.*, repos de phraſe inverſe;
Sol-d.— *ſi ré* mi *ſol-d.*
La;— *ut mi* la.
Mi,— *ſi* mi *ſol-d.*, prononciation.
Mi — *ut mi* la.

BASSES. HARMONIES.

Mi:— *ſi* mi ſol-d., repos de quinte.
La,— *ut mi* la, prononciation.
Si — *ſi ré* mi *ſol-d.*
Ut — *ut mi* la.
Ré;— *ré fa* ſi-b., repos ſuſpenſif.
Mi — *ut mi* la, prononciation.
Mi— *ſi ré* mi *ſol-d.*
La.— *ut mi* la, repos final.

Reliſez la note (*o*) pag. 99; ici comme ci-deſſus, dans les conſtructions des conſonnances analogues, je prends les nuances du repos final pour des repos de virgule. Les quatre marques de la ponctuation harmonique, la virgule, le point, les deux points, la virgule & point, ſont répétés dans la même période, qui eſt toujours composée de pluſieurs parties, & chaque partie renferme un ſens plus ou moins complet; toutes les parties ſont liées & ordonnées de maniere à former un tout.

Dans le premier exemple la période eſt

composée de deux parties, le repos harmonique de deux points les séparent : la premiere partie termine au repos de quinte, & la seconde fait la conclusion au repos final. La premiere partie est composée de trois phrases particulieres & de deux consonnances prononcées qui sont deux mots détachés ; le sens de la premiere phrase est plus complet que celui des deux autres, les trois phrases font avec les deux prononciations un sens déterminé, le sens de la premiere partie. La seconde partie est composée d'une prononciation & de cinq phrases particulieres : le sens de la troisieme phrase est le moins complet, il prépare la conclusion de la cinquieme phrase que la quatrieme phrase suspend. Les huit phrases particulieres des deux parties sont liées & ordonnées avec les trois prononciations de maniere à former un sens complet, le sens d'une période harmonique. Dans le présent exemple sept des huit phrases ne sont qu'une même phrase répétée.

Dans le fecond exemple la période eft compofée de 4 parties. La premiere termine au repos de quinte, elle renferme deux prononciations de confonnances & trois phrafes particulieres, dont deux font un peu extraordinaires; la diffonance y eft prolongée pour une baffe d'*anticipation.* La feconde termine au repos principal de la gamme; une prononciation avec une feule phrafe complette le fens de cette partie. La troifieme commence par une phrafe inverfe, une phrafe directe lui fuccéde, la confonnance de quinte y eft prononcée & amenée par la confonnance principale. Dans la quatrieme partie la confonnance principale eft deux fois prononcée, un repos fufpenfif extraordinaire eft amené par une repétition de la phrafe finale, & la vraie phrafe finale fait la conclufion. Les quatre parties ne font qu'un tout; ici comme dans le premier exemple, les mots, les phrafes, & les membres font liés & ordonnés de maniere à former le ſens complet d'une période harmonique.

115. Les répétitions de la phraſe finale ſont encore plus merveilleuſes, ſi on varie un peu les gammes & ſi on ordonne les nuances : fixant *par exemple* un ton avec la treizieme répétition, phraſant dans un autre pour avoir un repos leger, plaçant dans un troiſieme un repos plus fort & puis dans un quatrieme une cadence imparfaite, une irréguliere dans un cinquieme, enfin la préparation & la cadence parfaite dans un ſixieme, &c. Le morceau ſuivant eſt un échantillon de diſcours harmonique qui a quelques prétentions, quoiqu'il ne ſoit fondé que ſur les élémens les plus ſimples. L'intonation y eſt deux fois prononcée, la conſonnance de quinte n'eſt prononcée qu'une ſeule fois ; & la conſonnance de ſixte ſuſpend un inſtant la concluſion, le reſte n'eſt qu'une répétition éternelle de la conſonnance principale amenée ou rappellée par la diſſonance de dominante.

CONSTRUCTION HARMONIQUE.

BASSES.	HARMONIES.
Ré, —	*ré fa la*, intonation du ton principal.
Ut-d. —	*la ut-d. mi sol.*
Ré, —	*ré fa la.*
Mi —	*la ut-d. mi sol.*
Fa; —	*ré fa la.*
Fa-d. —	*ré fa-d. la ut*, annonce.
Sol, —	*sol si-b. ré*, changement sur la quarte.
La —	*ré fa-d. la ut.*
Si-b.; —	*Sol si-b. ré.*
Ut —	*fa la ut mi-b.*, annonce.
Ré, —	*si-b. ré fa*, changement sur la sixte.
Mi —	*la ut-d. mi sol*, annonce.
Fa; —	*ré fa la*, retour du principal.
Mi —	*mi sol-d. si ré*, annonce.
Mi, —	*la ut mi*, changement sur la quinte.
Mi —	*mi sol-d. si ré.*
Mi, —	*La ut mi.*
Mi: —	*mi sol-d. si*, repos de quinte.
Ut, —	*la ut mi*, prononciation.
Si —	*mi sol-d. si ré.*

BASSES. HARMONIES.

La. — *la ut mi.*
Sol — *ſol ſi ré fa* , annonce.
Ut. — *ut mi ſol* , changement ſur la ſeptieme.
Ré — *ſol ſi ré fa.*
Mi, — *ut mi ſol.*
Mi — *ut mi ſol ſi-b.*, annonce.
Fa , — *fa la ut* , changement ſur la tierce.
Fa-d. — *ſi ré-d. fa-d. la* , annonce.
Sol, — *mi ſol ſi* , changement ſur la ſeconde.
Ré-d. — *ſi ré-d. fa-d. la.*
Mi , — *mi ſol ſi.*
Ut-d. — *la ut-d. mi ſol* , annonce.
Ré , — *ré fa la* , retour du principal.
Si — *ſol ſi ré fa* , annonce.
Ut , — *ut mi ſol* , changement ſur la ſeptieme.
La — *fa la ut mi-b.* , annonce.
Si-b. , — *ſi-b. ré fa* , changement ſur la ſixte.
Fa-d. — *ré fa-d. la ut* , annonce.
Sol, — *ſol ſi-b. ré* , changement ſur la quarte.
La — *ré fa-d. la ut.*
Si-b., — *ſol ſi-b. ré.*

BASSES. HARMONIES.

Fa-d.— *ré fa-d. la ut.*
Sol, —*sol si-b. ré*
La — *ré fa-d. la ut.*
Si-b.;— *sol si-b. ré.*
La — *la ut-d. mi sol*, annonce.
La,— *ré fa la*, retour du principal.
La — *la ut-d. mi sol.*
Si-b.; — *si-b. ré fa* , suspension.
La — *la ut-d. mi sol.*
Ré. — *ré fa la*, repos final.

Ré mineur est le ton principal dans cet exemple, les tons intermédiaires lui sont subordonnés, tous les changemens naturels sont employés excepté le changement de mode & le majeur de la quinte: le morceau peut être classé parmi les constructions de l'*Ariette*. Le lecteur qui voudra essayer ce canevas sur l'instrument, choisira les bonnes positions & les ordonnera avec la basse. Il pourroit bien ne pas perdre sa peine, la ſimple ſuite de ces harmonies plaquées peut inſpirer un chant très-riche & très-animé.

116. Si nous ajoutons la diſſonance de ſeconde au fonds harmonique des trois derniers exemples, nous aurons les élémens du plus grand nombre de morceaux de Muſique, tous ſe reſſentent de la *regle de l'octave,* qu'on prêche par-tout dans les leçons de compoſition. Conſonnances de tonique & de quinte, diſſonances de ſeconde & de dominante : voilà toute la richeſſe harmonique de cette fameuſe *regle.* Avec la diſſonance de dominante on va à la tonique, avec la diſſonance de ſeconde on va à la quinte. Pour l'amour du *double emploi* on permet auſſi à la diſſonance de ſeconde d'aller de tems en tems à la tonique. En place de la ſuſpenſion, on permet de faire par fois la *cadence interrompue ;* c'eſt principalement à la diſſonance de ſixte qu'on impoſe la fonction d'interrompre la cadence ou le repos final

REGLE DE L'OCTAVE,

OU

Accompagnement naturel des 8 notes de la Gamme.

1°. En montant pour les deux modes.

BASSES	HARMONIES.
tonique, ...	consonnance principale.
seconde.......	dissonance de dominante
tierce, ...	consonnance principale.
quarte........	dissonance de seconde.
quinte : —.....	consonnance de quinte.
sixte (*majeure & min.*)	dissonance de seconde.
septieme *sensible*	dissonance de dominante.
octave. —	consonnance principale.

2°. En descendant pour le mode majeur.

octave........	consonnance principale.
septieme *sensible*;	consonnance de quinte.
sixte.........	dissonance de seconde.
quinte : —	consonnance de quinte.
quarte........	dissonance de dominante.

Basses	Harmonies.
tierce, ...	consonnance principale.
seconde......	dissonance de dominante.
tonique. — ..	consonnance principale.

3°. En descendant pour le mode mineur.

octave.......	consonnance principale.
septieme;	cons. *mineure* de quinte.
sixte	dissonance de seconde.
quinte : — ...	cons. *majeure* de quinte.
quarte	dissonance de dominante.
tierce, ...	consonnance principale.
seconde.......	dissonance de dominante.
tonique. —...	consonnance principale.

L'accompagnement de cette regle est fort sage ; marchant ainsi on ne se fatigue pas, ni en montant, ni en descendant. La consonnance principale prononce le ton, la dissonance de dominante qui suit, le fixe & rappelle un petit repos sur la tierce ; la dissonance de seconde prépare & amene un bon repos sur la quinte. Etant peu fatigué & bien reposé on franchit à ſon aiſe les deux dégrés qui reſtent pour monter à l'octave : à l'aide de la double diſſonance de ſeconde & de dominante, on arrive au repos de la conſonnance principale de l'octave. En deſcendant, le premier pas eſt le plus difficile ; on a peur quand on regarde du haut en bas : une pauſe ſur le premier dégré pour ſe raſſurer, & puis ſur la quinte un bon repos préparé & amené avec la diſſonance de ſeconde. A ce repos ſuccedent deux répétitions de la phraſe finale pour repoſer encore ſur la tierce & ſur la tonique.

Montant & deſcendant la gamme ſuivant cette regle, on emploie une prononciation, une phraſe finale double, trois répétitions de la phraſe finale ſimple, le repos de quinte deux fois amené par la diſſonance de ſeconde & une fois par la conſonnance de la tonique : ſi on ajoutoit encore la vraie phraſe finale interrompue & non interrompue, on auroit un ſens complet, le ſens d'une période harmonique.

117. On embellit par fois l'accompagnement de la regle de l'octave, renforçant la dissonance de seconde en descendant & substituant la sensible de quinte à la quarte : cette altération augmente le repos de la quinte en mineur, en majeur elle le change ; la dissonance de seconde renforcée devient une dissonance de dominante & la quinte devient une tonique. Cet embellissement est l'origine des fréquens changemens sur la quinte ; le changement sur la quarte n'est prescrit que dans les préceptes du second ordre, il n'a nul fondement dans la regle de l'octave, aussi est-il plus rare dans les compositions musicales : on voit plus souvent le changement favori poussé jusqu'à la double quinte, quoiqu'il devient alors un changement extraordinaire, le saut de la seconde. Le changement de mode & la succession des deux tons relatifs sont encore du ressort des préceptes du second ordre. Mais les autres changemens tant naturels qu'extraordinaires sont négligés dans

les leçons de compoſition : on ne fait pas plus d'honneur aux conſonnances & aux diſſonances de la gamme, qui ne ſont pas ſoumiſes à la regle de l'octave. Si la diſſonance de ſixte jouit d'un petit privilège, elle le paye bien cher ; elle eſt aux ordres du caprice & de l'ignorance, ſouvent elle interrompt la cadence ſans rime ni raiſon. La diſſonance de ſenſible eſt obligée de porter le nom d'*emprunt* pour oſer ſe préſenter en bonne compagnie.

Si on apperçoit par haſard une harmonie ou un changement qui n'eſt pas preſcrit par les regles, on le critique, on le pourſuit juſqu'à ce que le ſuccès ait forcé les Docteurs de le reconnoître pour une inſpiration du génie, alors on revient au chapitre vague & confus des *licences* & on le laiſſe paſſer. Pour être bien venu auprès de certaines gens, il faudroit toujours ſe préſenter par quinte & par quarte : j'étois plus difficile encore, quand je commençois à appercevoir la ſageſſe & la fecondité de la regle de l'octave ; je ne voulois voir que la quinte. Je me ſuis corrigé à meſure que j'ai découvert la richeſſe & les reſſources de l'art : aujourd'hui j'aime mieux abandonner la meilleure regle de l'eſprit humain, que de mépriſer la moindre beauté du génie ; je crois que le *préſent eſſai* pourroit corriger beaucoup de gens ; je crois auſſi que le mal ne ſera pas grand, ſi chacun reſte comme il eſt. En Muſique tout eſt bien ; ce qui ennuie les uns, amuſe les autres ; & le mot ſeul intéreſſe tout le monde (*r*).

(*r*) Le beau préſent des Dieux ! La Muſique charme tous les âges ; elle eſt à la portée de l'ignorant & du ſçavant ; elle inſpire le culte & le plaiſir ; le remords n'eſt jamais à ſa ſuite ; c'eſt de tous les arts le plus utile à la vie ſociale. L'*Orateur* diviſe les hommes ; le *Poëte* les trompe ; le *Peintre* & le *Sculpteur* les rendent muets & immobiles ; l'*Architecte* les ſépare & les iſole ; le *Muſicien* les rappelle & les raſſemble, les anime, leur agite le cœur, leur fait chérir les beſoins mutuels, & les unit. Le *Muſicien ſeul* a oſé polir les hommes pour les rendre ſociables, il a ſçu monter leur imagi-

118. Je vais essayer encore quelques exemples, je ne m'assujettis pas aux regles, je profite des richesses & des ressources de l'art, que je prends pour un jardin public & universel ; il est aujourd'hui défriché & planté *ce jardin* : chacun peut cueillir les fleurs qu'il veut mettre à son bouquet.

O toi, Génie créateur ! viens à mon secours ; prête-moi une étincelle de ton feu divin : élevant l'art, tu éléves tes Autels.

PREMIER EXEMPLE.

Période Harmonique.

BASSES. HARMONIES.

Ut,.. ut *mi sol* ut, intonation.
Ut ... *ut* fa *la ut.*
Ut, .. ut *mi sol* ut.

---

nation : eh ! s'il ne s'étoit pas brouillé avec sa sœur ... — Eh bien qu'en seroit il arrivé ? — Pardonnez un écart. — Achevez —... Chacun danseroit en mesure.

BASSES. HARMONIES.

Ut... *ré fa* ſol *ſi*.
Ut;.. ut *mi ſol* ut.
Fa... *ut* fa *la ut*.
Ut,.. ut *mi ſol* ut.
Sol... *ſi ré* ſol *ſi*.
Ut.— ut *mi ſol* ut.
Ut,.. ut *mi ſol* ut, prononciation.
Ré... *ré fa* ſol *ſi*.
Mi,.. ut *mi ſol* ut.
Fa... ré *fa la ut*.
Sol:.. *ré* ſol *ſi*, repos de quinte.
Mi,.. ut *mi ſol* ut, prononciation.
Fa... *ré fa* ſol *ſi*.
Mi,.. ut *mi ſol* ut.
Fa... *ré fa* ſol *ſi*.
Mi;.. ut *mi ſol* ut.
Fa... *la ut* fa *la*.
Mi,.. *ſol* ut *mi ſol*.
Ré... ſol *ſi ré fa*.
Ut.— *ſol* ut *mi*.
Mi... ut *mi ſol*.
Fa;.. *ut* ré *fa la*, phraſe inverſe.

BASSES. HARMONIES.

Fa... *ut* ré *fa la* .
Fa-d.; *ut mi-b.* fa-d. *la*, ſuſpenſion.
Sol,.. ut mi ſol, prononciation.
Sol... *ſi ré fa* ſol.
Ut. — *ſol* ut *mi*, repos final.

SECOND EXEMPLE.

Harmonies ordonnées.

Conſtruction d'Ariette.

BASSES. HARMONIES.

Ut, .. *mi-b. ſol* ut, intonation du ton principal.
Ut... ré *fa la-b. ut.*
Ut... ré *fa* ſol *ſi.*
Ut. — ut *mi-b. ſol* ut.
Ré... *ré fa* ſol *ſi.*
Mi-b., ut *mi-b. ſol* ut.
Ré... *ré fa* ſol *ſi.*
Ut. — ut *mi-b. ſol* ut.
Si, .. *ſi ré* ſol, changement ſur la quinte.

BASSES.	HARMONIES.
Si-b.;	*ſi-b. ré* ſol, changement ſur la quinte.
La...	la *ut-d. mi ſol*, annonce.
La,..	*la* ré *fa*, changement ſur la ſeconde.
La...	*la ut mi-b.* fa, annonce.
Si-b.,.	ſi-b. *ré fa*, changement ſur la ſeptieme.
La-b..	ſi-b. *ré fa la-b.*, annonce.
Sol,..	*ſi-b.* mi-b. *ſol*, changement ſur la tierce, ton relatif.
La-b..	*mi-b.* fa *la-b. ut.*
Si-b.,.	mi-b. *ſol ſi-b.*
Si-b...	*ré fa la-b.* ſi-b.
Mi-b.—	*ſi-b.* mi-b. *ſol*, repos final.
Mi...	ut *mi ſol ſi-b.*, annonce.
Fa,..	*ut* fa *la-b.*, changement ſur la quarte.
Ré-b..	*ré-b. fa la-b.* ſi.
Ut:—	ut *mi ſol* ut, repos de quinte.
La-b.,	*ut mi-b.* la-b. changement ſur la ſixte.
La-b..	*fa la-b*, ré-b.
La-b.,	*mi-b.* la-b. *ut.*

BASSES.	HARMONIES.
La-b.	*ré-b.* mi-b. *sol. si-b.*
La-b.,	*ut mi-b.* la-b.
La-b.	*fa la-b.* ré-b.
La-b.,	*mi-b.* la-b. *ut.*
La-b.	*ré-b.* mi-b. *sol si-b.*
La-b.—	*ut mi-b.* la-b.
La;...	*ut mi-b. sol-b.* la, annonce de si-b. mineur, saut de septieme.
La;..	*ut mi-b.* fa *la*, annonce encore en *si-b.*
La....	*mi-b.* fa-d. *la ut*, annonce en *sol*, transition & surprise enharmonique.
La....	ré *fa-d la ut*, seconde annonce.
Si-b.,	*ré* sol *si-b.*, changement sur la quinte.
Si....	*ré fa* sol *si*, annonce.
Ut,...	ut *mi-b. sol* ut, retour du ton principal.
Fa....	*ré fa* sol *si.*
Mi-b.,	ut *mi-b. sol* ut.
Fa....	ré *fa la-b. ut.*
Sol,..	ut *mi-b. sol.* ut.
Sol...	*ré fa sol si.*
Ut.—.	ut *mi-b. sol* ut, repos final.

TROISIEME EXEMPLE.

Harmonies ordonnées.

Construction d'Ariette.

BASSES.	HARMONIES.
Mi,...	*si* mi *sol d.si*, intonation du ton principal.
Mi...	*ut-d. mi* la ut-d.
Mi,...	*si* mi *sol-d. si*.
Mi...	si *ré-d. fa-d. la*.
Mi,...	*si* mi *sol-d*.
Mi...	*mi* la *ut-d*.
Mi...	*fa-d. la* si *ré-d*.
Mi.—	mi *sol-d. si* mi.
Ut-d.	*ut-d. mi* la.
Si, ..	*si* mi *sol-d*.
La....	*la* si *ré-d. fa-d*.
Sol-d.,	*sol-d. si* mi.
La....	*mi* la *ut-d*.
Sol d.,	mi *sol-d. si*.
Fa-d.	si *ré-d. fa-d. la*.
Mi;..	*si* mi *sol d*.
La....	*mi* fa-d. *la ut-d*.
Si,....	mi *sol-d. si*.

BASSES.	HARMONIES.
Si-d.	ſi-d. *ré-d. fa-d. la.*
Ut-d. ;	ut-d. *mi ſol-d.* , repos ſuſpenſif.
La ...	*mi* fa-d. *la ut-d.*
Si, ...	mi *ſol-d. ſi.*
Si ...	ſi *ré-d. fa-d. la.*
Mi. —	*ſi* mi *ſol-d.* , repos final.
Ut d. ,	*ut-d. mi* la , chang. ſur la quarte.
Ré....	*ré* mi *ſol-d. ſi.*
Ut-d. ,	*ut-d. mi* la.
Ré....	*ré* mi *ſol-d. ſi.*
Ut-d. ,	*ut-d. mi* la.
Ré....	*la* ré *fa-d.*
Ut-d. ,	la *ut-d. mi.*
Si....	mi *ſol-d. ſi ré.*
La, ..	*mi* la *ut-d.*
Fa-d.	*fa-d. la* ré.
Mi, ..	*mi* la *ut-d.*
Ré...	*ré* mi *ſol-d ſi.*
Ut-d. ;	*ut-d. mi* la.
Ut-d.	*ut-d. mi* fa-d. *la-d.* , annonce.
Si ;...	*ré fa-d.* ſi , ſaut de quinte.
Si ...	*ré* mi-d. *ſol-d. ſi* , annonce.

BASSES.	HARMONIES.
La,..	*ut-d.* fa-d. *la*, chang. ſur la ſeconde.
Si...	*fa-d.* ſi *ré.*
Ut-d.	*mi-d. ſol-d. ſi* ut-d.
Fa-d.—	*ut-d.* fa-d. *la*, repos final.
Ré-d.	ſi *ré-d. fa-d.* ſi, annonce.
Mi,..	*ſi* mi *ſol-d. ſi*, retour du principal.
Fa-d.	ſi *ré-d. fa-d.* ſi.
Sol d.,	*ſi* mi *ſol-d. ſi.*
Ré-d.	ſi *ré d. fa d.* ſi.
Mi,..	*ſi* mi *ſol-d. ſi.*
Fa-d.	ſi *ré-d. fa-d.* ſi.
Sol-d.;	*ſi* mi *ſol-d. ſi.*
La...	*mi* la *ut-d.*
La...	*fa-d. la* ſi *ré-d.*
Sol-d.,	mi *ſol-d. ſi* mi.
La ..	fa-d. *la ut-d. mi.*
Si,...	*ſol-d. ſi* mi.
Si....	*fa-d.* ſi *ré-d.*
La-d.;	*ſol* la-d. *ut-d. mi*, ſuſpenſion.
La...	*fa-d.* la ſi *ré-d.*
Sol-d.,	mi *ſol-d. ſi* mi.
La...	fa-d. *la ut-d. mi.*

BASSES. HARMONIES.

Si,... *ſol-d*. *ſi* mi.
Si... *fa-d*. *la* ſi *ré-d*.
Mi. -- mi *ſol-d*. *ſi* mi, repos final.

QUATRIEME EXEMPLE.

Harmonies ordonnées.

Conſtruction d'Ariette.

BASSES. HARMONIES.

La,.. *ut mi* la, intonation du ton principal.
Ré... *la* ré *fa*.
Ut,.. la *ut mi*.
Si... mi *ſol-d*. *ſi ré*.
La,.. *mi* la *ut*.
Ré... *fa la* ſi *ré*.
Mi,.. *mi* la *ut*.
Mi... *ré* mi *ſol-d*. *ſi*.
La.--- *ut mi* la, repos final.
Sol,.. mi *ſol ſi* mi, chang. ſur la quinte.
Fa - d. *fa-d*. *la* ſi *ré-d*.
Mi;.. mi *ſol ſi* mi.

BASSES.	HARMONIES.
Ut...	*ut mi ſol* la-d.
Si: ---	ſi *ré-d. fa-d.* ſi, repos de quinte.
Sol-d.,	mi *ſol-d. ſi*; chang. ſur la quinte.
La...	*mi* la *ut-d.*
Sol-d.,	mi *ſol-d. ſi.*
Fa-d.	ſi *ré-d.fa-d la.*
Mi;..	*ſi* mi *ſol-d.*
Sol-d.	mi *ſol-d.ſi ré*, annonce.
La, ..	*mi* la *ut-d.*, changement de mode,
Ré...	*la* ré *fa-d.*
Ut-d.,	la *ut-d. mi.*
Si....	mi *ſol-d.ſi ré.*
La.---	*mi la ut-d.*
Ré;..	*ré fa la* ré, changement ſur la quarte.
Ut;..	*ut mi* la *ut*, retour du principal.
Ré...	*la* ré *fa.*
Ut,..	la *ut mi.*
Si...	mi *ſol-d.ſi ré.*
La.—	*mi* la *ut.*
La...	*mi* la *ut-d.*, annonce.
La,..	*fa la* ré, changement ſur la quarte.
La...	*ſol* la *ut-d. mi.*

BASSES.	HARMONIES.
La, . .	*fa la* ré.
Si-b. . .	*fa* ſol-d. o *ré*.
La ; . .	*fa la* ré.
Sol-d. . .	*fa* o *ſi ré*.
La ; . .	*fa la* ré.
Si-b. . .	*fa* ſol-d. o *ré*.
La	*fa la* ré.
Sol-d.	*fa* o *ſi ré*.
La : —	*mi* la *ut-d*., repos de quinte.
Fa . —	*ut* fa *la ut*, changement ſur la ſixte.
Fa	*fa* ſi-b. *ré*.
Fa , . .	fa *la ut*.
Fa . . .	ut *mi ſol ſi-b*.
Fa, . .	*ut* fa *la*.
Fa . . .	*fa* ſi-b. *ré*.
Fa , . .	fa *la ut*.
Fa . . .	*fa* ſi-b. *ré*.
Fa . . .	*ſol ſi-b*. ut *mi*.
Fa. —	fa *la ut* fa.
Fa . . .	*fa* ſol *ſi ré*, annonce.
Mi, . . .	*mi ſol* ut, changement ſur la tierce.

BASSES.	HARMONIES.
Mi...	*mi ſol* la *ut-d.* , annonce.
Fa ,..	*fa la* ré, changement ſur la quarte.
Fa ...	*ré fa* ſol *ſi* , annonce.
Mi, ..	ut *mi ſol* ut, chang. ſur la tierce.
Fa ...	*ut* ré *fa la*.
Fa-d. ;	*ut mi-b.* fa-d. *la* , ſuſpenſion.
Sol...	ut *mi ſol* , prononciation.
Sol...	*ſi ré fa* ſol.
Ut. —	*mi ſol* ut , repos final.
Ut...	*ſol* ut *mi*.
Ut ;..	*la ut* ré *fa* , phraſe inverſe.
Ut...	*la ut* ré *fa-d.* , annonce.
Si, ..	*ſi ré* ſol,changement ſur la ſeptieme.
Si ...	*ſi ré* mi *ſol-d.* , annonce.
Ut, ..	*ut mi* la , retour du principal.
Ut-d.	*ut-d. mi* fa-d. *la-d.* . annonce.
Ré, ..	*ré fa-d.* ſi , chang. ſur la ſeconde.
Ré-d.	ſi *ré-d. fa-d. la* , annonce.
Ré...	*ſi ré* mi *ſol-d.* , annonce.
Ut,..	*ut mi* la , retour du principal.
Si ...	*ſi ré* mi *ſol-d.*
La,..	*ut mi* la.

BASSES. HARMONIES.

Mi:— *ſi* mi *ſol-d.*, repos de quinte.
La.... *ut mi* la, progreſſion.
La.... la *ut mi ſol.*
Ré... *la* ré *fa.*
Ré... *la ut* o *fa.*
Sol... *ſi ré* ſol.
Sol... ſol *ſi ré fa.*
Ut... *Sol* ut *mi.*
Ut... *ſol ſi* o *mi.*
Fa... *la ut* fa.
Si... *la* o *ré fa.*
Mi... *ſol d. ſi* mi.
Ré... *ſi* o mi *ſol-d.*
Ut,.. *ut mi* la.
Ré... ſi *ré fa la.*
Ré-d.; *ut* ré-d. *fa-d. la*, ſuſpenſion.
Ré-d.; ſi *ré-d. fa-d. la*, annonce.
Ré... *ſi ré* mi *ſol-d.*
Ut,.. *ut mi* la.
Ré... ſi *ré fa la.*
Mi,.. *ut mi* la.
Mi... *ſi ré* mi *ſol-d.*
La.— la *ut mi* la, repos final.

Je profite de la permiſſion que j'ai donné au diſciple, page 186, pour l'exemple de l'article 102, je double ſouvent l'uniſſon d'une des notes de l'harmonie conſonnante, & dans le quatrieme morceau j'omets auſſi par fois l'uniſſon de la baſſe dans l'harmonie diſſonante, j'indique cette omiſſion par un zéro qui tient chaque fois la place de la note omiſe.

CINQUIEME EXEMPLE.

Harmonies ordonnées.

Conſtruction de Récitatif.

BASSES. HARMONIES.

Si,.. ſi *ré-d. fa-d.* ſi, intonation du premier ton.

Si... *ut-d. mi* fa-d. *la-d.*

Si. — ſi *ré-d. fa-d.* ſi.

Ré-d. ſi *ré-d. fa-d. la*, annonce.

Mi,.. *ſi* mi *ſol-d.*, ligne de quarte, ton intermédiaire.

Ré-d. *ré-d. fa-d. la* ſi-d., annonce.

Ut-d., *mi ſol-d.* ut-d., détour ſur la ſixte.

BASSES.	HARMONIES.
Ut-d.,	*ut-d. mi* la, détour ſur la ſixte.
Ut-d.	la *ut-d. mi ſol*, annonce.
Ré,..	*la* ré *fa-d.*, ligne de quarte.
Ré...	*la ut* ré *fa-d.*, annonce.
Ré,..	*ſi ré ſol*, ligne de quarte.
Ré...	la *ut-d. mi ſol*, annonce.
Ré. —	*la* ré *fa-d.*, ligne de quinte.
Fa-d.	ré *fa-d. la ut*, annonce.
Sol, .	*ré* ſol *ſi*, ligne de quarte.
Fa-d.	ré-d. *fa-d. la ut*, annonce.
Mi.—	mi *ſol ſi*, détour ſur la ſixte.
Mi,..	ut *mi ſol* ut, détour ſur la ſixte.
Mi-b.,	ut *mi-b. ſol* ut, changement de mode.
Ré...	ſi *ré fa la-b.*
Ut.—	ut *mi-b. ſol.*
Ut...	*ut* ré *fa-d. la*, annonce.
Si-b.,	*ſi-b. ré* ſol, ligne de quinte.
Si,..	*ſi ré* ſol, changement de mode.
Si...	*ſi ré* mi *ſol-d.*, annonce.
La.—	*ut mi* la, detour ſur la ſeconde.
La,..	*ut* fa *la*, detour ſur la ſixte.
La...	*ut mi-b.* fa *la*, annonce.

BASSES. HARMONIES.

Si-b., *ré fa* ſi-b., ligne de quarte.
Si... *fa* ſol *ſi ré*, annonce.
Ut,.. mi *ſol* ut, ſaut de ſeconde, dernier ton.
Ut... *mi ſol* ut.
Sol:— *ré* ſol *ſi.*
Sol... *ré fa* ſol *ſi.*
Ut. — ut *mi ſol* ut.

SIXIEME EXEMPLE.

Harmonies ordonnées.

Conſtruction de Récitatif.

BASSES. HARMONIES.

Ut, .. ut *mi* *ſol* ut, intonation du premier ton.
Ut... ut *mi ſol ſi-b.*, annonce.
Fa,.. *ut* fa *la*, ligne de quarte, ton intermédiaire.
La,.. fa *la ut* fa, prononciation.
La... fa *la ut mi-b.*, annonce.

BASSES.	HARMONIES.
Si-b. ,	*fa* ſi-b. *ré* , ligne de quarte.
La-b.	*fa* o ſi-b. *ré*, annonce.
Sol,..	*ſol ſi-b.* mi-b. , ligne de quarte.
Fa...	fa *la ut mi-b.*, annonce.
Si-b.--	*fa* ſi-b. *ré*, ligne de quinte.
Si-b.	*mi ſol ſi-b.* ut, annonce.
La,..	fa *la ut*, ligne de quinte.
La-b.;	fa *la-b. ut*, changement de mode.
Sol...	*ré fa* ſol *ſi* , annonce.
Sol,..	ut *mi-b. ſol* ut, ligne de quinte.
Sol:—	*ré* ſol *ſi*, repos de quinte.
Ut,...	ut *mi ſol* ut, changement de mode.
Mi,..	ut *mi ſol* ut.
Sol,..	ut *mi ſol* ut.
Si-b.;	ut *mi ſol* o ut, annonce pour le ton *fa*, ligne de quarte.
Si-b.;	ut-d. *mi ſol* o ut-d., annonce.
Ré,..	ré *fa la* ré, détour ſur la ſixte.
Fa,..	ré *fa la* ré.
La,..	ré *fa la* ré.
Ut;..	ré *fa-d. la* o ré, annonce pour le ton *ſol*, ligne de quarte.

Ut

BASSES.	HARMONIES.
Ut. . .	ré-d. *fa-d. la* o ré-d., annonce.
Si . . .	*ré-d. fa-d. la* o *ré-d.*, annonce.
Si, . . .	mi *ſol ſi* mi, ſaut mineur de 3 demi-tons plus bas.
Ut. . .	*mi ſol* la-d. o.
Si, . . .	mi *ſol ſi.*
La-d.;	*mi ſol* o *ut-d.*, ſuſpenſion avec les 4 *appels* mineurs de quinte.
La . . .	*mi ſol* o *ut-d.*, annonce.
La, . . .	*fa la* ré, ſaut de ſeptieme.
La . . .	*ſol ſi-b.* ut-d. *mi.*
La, . . .	*fa la* ré.
La . . .	*ré fa* ſol-d. *ſi.*
La. —	*ut-d. mi* la, repos de quinte.
Fa-d.,	ré *fa-d. la* ré, changement de mode.
Mi . . .	*mi ſol* la-d. *ut-d.*, annonce.
Ré, . . .	*ré fa-d.* ſi, détour ſur la ſixte.
Re-d.;	ſi *ré-d. fa-d.* ſi, chang. de mode.
Mi-b...	*ut mi-b. ſol-b.* la, annonce.
Ré-b.,	*ré b.fa* ſi-b., détour ſur la ſeptieme par *tranſition enharmonique.*

BASSES.	HARMONIES.
Ut...	ut *mi ſol ſi-b.*, annonce.
Ut,..	*ut* fa *la-b.*, ligne de quinte, dernier ton.
Ut:—	ut *mi ſol*, repos ſur la quinte.

119. Chaque morceau de la conſtruction d'*Ariettes* renferme le fonds harmonique d'un diſcours, mais après chaque morceau de la conſtruction de *récitatifs*, il faut ajouter une *Ariette* pour completter le ſens d'un diſcours muſical.

Il y a deux ſortes de *récitatifs*, le *récit ſimple*, & le *récitatif obligé*: leur conſtruction eſt la même, le ſecond ne différe du premier que par la richeſſe des harmonies & des accompagnemens.

120. Avec les conſonnances & diſſonances totales & réglées, on trouve encore dans la conſtruction muſicale des harmonies incomplettes & irrégulieres. Nos Compoſiteurs omettent ſouvent dans leurs *partitions* une note de l'harmonie conſonnante, ils omettent auſſi une & deux

notes de l'harmonie diſſonante ; les deux premieres notes *ut mi* figurent par fois pour la conſonnance de la tonique *ut mi ſol* : de la conſonnance de quinte *ſol ſi ré*, on ne voit ſouvent que les deux dernieres notes *ſi ré* ou les extrêmes *ſol ré*. Pour diſſonance de dominante du même ton *ut*, on trouve tantôt *ſol ſi* o *fa*, tantôt *ſol* o *ré fa*, tantôt o *ſi ré fa*, & par fois ſeulement *ſol* o o *fa* : je connois même des portions de phraſes & des phraſes entieres qui font un grand effet, quoique toutes les parties ſoient à l'uniſſon.

Dans les mêmes *partitions* on trouve ſouvent des enſembles excellens de trois notes, d'une même gamme, qui n'ont nul renverſement, nulle poſition qui puiſſe répondre aux nombres 1, 3, 5, ordre & diſtance naturel des trois notes d'une harmonie ; *mi ſol*, dernieres notes de la conſonnance de la nature en *ut*, ſont combinées avec l'*appel ré*, ſeconde de la gamme ; & l'*appel fa*, quarte de la gamme, eſt combiné avec les extrêmes, *ut ſol*, de la même consonnance : la consonnance de la quinte est altérée suivant les mêmes proportions : aujourd'hui pour pouvoir *syncoper* (c'est-à-dire traîner une note de la gamme sur la suivante) on altere ainsi toutes les consonnances analogues de la gamme.

On a d'abord critiqué ces omissions & ces altérations ; ensuite on les a applaudi ; & puis pour diminuer un peu le gros chapitre des *licences* , on a imaginé des termes nouveaux ; enfin on a expliqué ces passages extraordinaires, disant que ce sont des *accords* (*s*) *incomplets* & *irréguliers*.

(*s*) *Accord* est le mot propre pour désigner le rapport qu'ont les sons des dessus avec la basse ; comme je ne considere ici l'ensemble des sons que par rapport à la gamme , je continue de dire *harmonies incomplettes* & *harmonies irrégulieres*.

On n'est pas trop d'accord en Musique sur la signification du mot *harmonie* ; on dit cet instrument a une belle *harmonie* , cette voix est

Pour remplir ſcrupuleuſement le texte de *cet eſſai*, je m'arrête encore un peu

---

bien *harmonieuſe* : une autre fois le mot *harmonie* repréſente une ſuite d'accords : dans mes Ouvrages il figure pour chaque combinaiſon muſicale de notes qui peuvent ſonner enſemble & à la fois dans une même gamme. Selon moi l'enſemble des ſons *ut*, *mi* & *ſol* eſt en *ut* l'harmonie conſonnante de la tonique, ſoit qu'elle s'accorde avec la baſſe *ut*, avec la baſſe *mi*, ou avec la baſſe *ſol* : dans le même ton l'enſemble des trois premiers *appels ſi*, *re*, *fa* avec le dernier ſon de la nature, *ſol*, eſt l'harmonie diſſonante de la dominante *ſol*, ſoit qu'elle s'accorde avec la baſſe *ſol*, avec la baſſe *ſi*, avec la baſſe *ré*, avec la la baſſe *fa*, ou avec les baſſes d'*anticipation*, *ut*, *mi* & *mi bémol*.

L'enſemble *ut mi ſol* eſt communément nommé *accord parfait* & *fondamental* des conſonnances ; l'enſemble *ſol ſi ré fa* eſt nommé *accord de ſeptieme* & *fondamental* des diſſonances.

Si je me ſuis un peu écarté de l'uſage ordinaire en préférant le mot *harmonie* aux deux mots *accord fondamental*, c'eſt pour pouvoir indiquer clairement ſans équivoques & avec un peu pour éclaircir & pour développer ces ensembles & ces combinaisons de sons incomplettes & irrégulieres.

---

de simplicité, le rang que chaque consonnance & chaque dissonance tiennent dans la gamme. D'ailleurs ayant eu à parler de six consonnances & de sept dissonances pour chaque ton majeur, de sept consonnances & de quatorze dissonances pour chaque ton mineur, j'aurois heurté plus encore l'usage reçu, si j'avois répété tant de fois les mots sacrés. . .

Si je développe les positions ou les renversemens des harmonies, abstraction faite du rapport d'intervalle & d'accord avec la basse, c'est pour ne pas trop charger la mémoire du disciple; car l'harmonie dissonante de dominante seule fait avec ses 4 basses naturelles & avec ses 3 basses *d'anticipation*, sept rapports d'intervalles & d'accords différens, & par conséquent sept noms composés & sept signes à retenir pour une seule harmonie, tandis que tous les noms & tous les signes d'accords sont inutiles pour l'intelligence du sens musical : l'important, les élémens essentiels pour toutes les parties de la Musique sont . . . 1°. la connoissance de la marche

121. La division de sons de l'octave en sons de la *nature* & en sons *appels* bien méditée, tout est parfait dans la *partition* des hommes de génie. Aux yeux de l'art toutes les inspirations sont complettes & régulieres; c'est par paresse ou par ignorance qu'on a par fois voulu borner le talent.

Tous les ensembles de notes d'une même gamme, dictés par le génie musical, sont ou des harmonies dissonantes ou des harmonies consonnantes, ils chagrinent un peu l'oreille pour faire naître le désir, ou bien ils la contentent & la reposent. Les notes des harmonies spécifiées contrastent les unes avec les autres; les dissonances préparent, sollicitent & amenent le retour des consonnances *repos*.

---

des harmonies entr'elles & par rapport à la gamme. 2°. La connoissance de la marche des basses entr'elles & par rapport à la gamme. C'est ce qu'on croira peut-être un jour, quand on aura étudié & médité le *présent Ouvrage*.

Les harmonies, qu'on nomme incomplettes ou irrégulieres, ont la même propriété ; elles agiſſent également les unes ſur les autres ; ſouvent elles augmentent le nombre des ſollicitations & phraſent avec les conſonnances régulieres ; elles ſont, comme les harmonies ordinaires, ou des enſembles de purs ſons de la *nature*, ou des enſembles de purs ſons *appels*, ou bien des combinaiſons mixtes de ſons de la *nature* & de ſons *appels* d'une même octave.

Le Tableau ſuivant expoſe les principales & les plus fréquentes de ces harmonies de ſeconde claſſe.

TABLEAU

Des principales harmonies incomplettes & irrégulieres, pour l'octave d'ut.

Ut mi . . Conſonnance des 2 premiers ſons de la nature.
Ut mi-b. conſ. des 2 premiers ſons de la nature.
Mi ſol . . conſ. des 2 derniers ſons de la nature.
Mi-b. ſol conſ. des 2 derniers ſons de la nature.
Ut ſol . . conſ. des extrêmes de la nature.

Si ré . . . conſ. des 2 premiers ou forts *appels*.
Ré fa . . . conſ. des moyens *appels*.
Fa la . . . conſ. des 2 derniers ou foibles *appels*.
Fa la-b. conſ. des 2 derniers ou foibles *appels*.
Si fa . . diſſ. des extrêmes des 3 premiers ou forts *appels*.
Si la . . diſſ. des extrêmes des *appels*.
Si la - b. diſſ. des extrêmes des *appels*.
Ut la . . conſ. de la tonique avec le foible *appel*.
Ut la-b. conſ. de la tonique avec le foible *appel*.
Ut fa-d. diſſ. de la tonique avec la ſenſible de quinte.
Sol ſi . . conſ. de la quinte avec le fort appel.
Sol ré . . conſ. de la quinte avec le moyen *appel* ſeconde.
Sol fa . . diſſ. de la quinte avec le moyen *appel* quarte.
Sol la-b. diſſ. de la quinte avec le foible *appel*.
Ut fa. . . conſ. de la tonique avec le moyen *appel* quarte.
Ut ré . . diſſ. de la tonique avec le moyen *appel* ſeconde.
Si ré fa diſſ. des 3 forts *appels*.
Sol ré fa diſſ. de la quinte avec les moyens *appels*.
Ut fa ſol diſſ. des extrêmes de la conſonnance de la nature avec le moyen *appel* quarte.
Ré mi ſol diſſ. des derniers ſons de la conſonnance de la nature avec le moyen *appel* ſeconde.

Les noms que je donne à ces harmonies de ſeconde claſſe indiquent leur nature & en même temps leur place dans la conſtruction. Les conſonnances qui ne renferment que des ſons de la *nature* ſont les repos ; les conſonnances de purs *appels*, les conſonnances mixtes & les diſſonances doivent être ſuivies immédiatement d'un repos à moins qu'elles ne ſe ſuccedent pour ſolliciter en corps une conſonnance repos.

La conſonnance de la quinte avec le fort *appel* eſt ſouvent repos elle-même, la diſſonance de la tonique avec la ſenſible de quinte exige ſon retour.

La conſonnance de la tonique avec le foible *appel* eſt par fois repos *ſuſpenſif*.

L'harmonie des 3 forts *appels* & la diſſonance de leurs extrêmes exigent le repos de la conſonnance des premiers ſons de la nature.

L'harmonie des deux forts *appels* peut être ſuivie de la conſonnance des premiers ſons de la nature, mais elle ne phraſe qu'avec la tonique qui ſeule peut ſauver la diſſonnance qu'elle fait dans la gamme.

L'harmonie des extrêmes des *appels* ne demande que les extrêmes de la *nature.*

Les harmonies mixtes *ſol ſi*, *ſol ré* & *ſol fa* peuvent être ſuivies des extrêmes ou des derniers ſons de la nature, mais elles ne phraſent qu'avec la conſonnance des premiers : dans un cas la quinte commune reſte immobile, & dans l'autre elle eſt échangée pour la tierce ou pour la tonique.

Les deux dernieres diſſonances ſuſpendent & ſollicitent le premier ou le ſecond ſon de la conſonnance totale.

Les harmonies irrégulieres & incomplettes ont des renverſemens de poſitions comme les harmonies ordinaires. *Par exemple*, les deux notes de la premiere conſonnance du tableau peuvent ſonner à la fois dans la poſition *ut mi* & dans la poſition *mi ut* ; chaque ſon des harmonies de deux notes peut ſonner à l'aigu & au grave : les trois notes de la derniere diſſonance du tableau peuvent ſonner à la fois dans la position *ré mi sol*, dans la position *mi sol ré* & dans la position *sol ré mi*; chaque son des harmonies de trois notes peut sonner au grave au milieu & à l'aigu.

La basse de ces harmonies extraordinaires n'a pas tant d'analogie avec les harmonies reglées, nous avons vu ci-dessus que l'unisson de chaque note de l'harmonie figuroit naturellement à la basse; ce n'est pas la même chose ici; rarement on voit à la basse, dans les partitions *inspirées*, l'unisson d'une note de l'harmonie, la tonique & la quinte de la gamme sont les basses par excellence; on voit plus souvent les unissons aigus répétés. La sixte mineure est aussi privilégiée pour servir de basse à la dissonance de tonique avec la sensible de quinte.

Les deux dernieres dissonances du tableau n'ont jamais à la basse que la premiere note de la consonnance repos, dont elles suspendent pour un instant le premier ou le second son.

L'exemple instruira mieux sur l'emploi

de ces harmonies extraordinaires, que le discours.

EXEMPLES

Sur l'emploi des harmonies incomplettes & irrégulieres pour l'octave d'ut.

Ie.

BASSES. HARMONIES.

Ut.. *la ut*, consonnance mixte.
Ut.. *sol si*, consonnance mixte.
Ut.. *fa la*, cons. des foibles *appels*.
Ut,.. *mi sol*, cons. des derniers sons de la nature.
Ut.. *fa la*.
Ut.. *mi sol*.
Ut.. *ré fa*, cons. des moyens *appels*.
Ut;.. *ut mi*, cons. des premiers sons de la nature.
Ut.. *la fa*.
Ut.. *sol mi*.
Ut.. *fa ré*.
Ut,.. *mi ut*.
Ut.. *fa ré*.
Ut.. *ré si*, consonnance des forts *appels*.

Basses Harmonies.

Ut;.. *mi ut.*
Ut.. *fa la.*
Ut.. *ré fa.*
Ut.. *ſi ré.*
Ut.— *ut*, octave.

I I^e.

Sol.. *ſi ré*, conſonnance des forts *appels*.
Sol.. *ut mi*, conſonnance des premiers ſons de la nature.
Sol;.. *ré fa*, conſ. des moyens *appels*.
Sol.. *mi ſol*, conſ. des derniers ſons de la nature.
Sol.. *ré fa.*
Sol.. *ut mi.*
Sol:— *ſi ré.*
Sol.. *ſi ré.*
Sol.. *ut mi-b.*, conſ. des premiers ſons de la nature.
Sol,.. *ré fa.*
Sol.. *mi-b. ſol*, conſ. des derniers ſons de la nature.
Sol.. *ré fa.*
Sol.. *ut mi-b.*
Sol:— *ſi ré.*

IIIe.

BASSES. HARMONIES.

Sol.. *fa la*, consonnance des foibles *appels*.
Sol,.. *mi sol*, conf. des derniers sons de la nature.
Sol.. *ré fa*, conf. des moyens *appels*.
Sol; —*ut mi*, conf. des premiers sons de la nature.
Sol.. *fa la-b.*, conf. des foibles *appels*.
Sol,.. *mi-b. sol*, conf. des derniers sons de la nature.
Sol.. *ré fa*.
Sol.. *ut mi-b.*, conf. des premiers sons de la nature.
La-b.; *si ré*, consonnance des forts *appels*.
Sol.. *ré fa*.
Sol.. *ut mi-b*.
Sol,.. *si ré*.
La-b. *ut ut*.
La-b. *ut fa-d. ut*, diff. de la tonique avec la sensible de quinte.
Sol.—*si sol si*, conf. mixte, repos.

IVe.

Ut,.. *mi ut*, conf. des premiers sons de la nature.
Sol.. *sol ré*, conf. mixte.
Ut,.. *ut mi*.

BASSES. HARMONIES.

Sol.. *ſol ré.*
Ut,.. *mi ut.*
Sol.. *ſol ré.*
Ut.. *ut mi.*
Ut.. *ré fa*, conſonnance des moyens *appels.*
Ut.. *mi ſol*, conſ. des derniers ſons de la nature.
Ut.. *ré fa.*
Ut.. *ut mi.*
Sol.. *ſol ré.*
Ut.— *mi ut.*

Ve.

Sol.. *ſol*, octave.
Sol.. *ſol la-b.*, diſſ. de la quinte avec le foible *appel.*
Sol,.. *fa la-b.*, conſ. des foibles *appels.*
Sol.. *ré ſi*, conſ. des forts *appels.*
Sol,.. *mi-b. ut*, conſ. des premiers ſons de la nature.
Sol.. *ſi ré.*
Sol,.. *ut mi-b.*
Sol.. *la fa-d.*, conſ. des forts *appels* en *ſol.*
Sol.— *ſi ſol*, conſ. des premiers ſons de la nature en *ſol.*

VIe.

VI°.

BASSES HARMONIES.

Ut . . *mi sol ré.*
Ut, . . *mi sol ut*, consonnance de la tonique.
Sol. . *ré sol ut.*
Sol, . . *ré* sol *si*, conf. de la quinte.
La . . *ut mi si.*
La, . . *ut mi* la, conf. de la sixte.
Mi. . *si mi la.*
Mi, . . *si* mi *sol*, conf. de la tierce.
Fa . . *la ut sol.*
Fa, . . *la ut fa*, consonnance de quarte.
Ut . . *sol ut fa.*
Ut.— *sol* ut *mi*, consonnance de tonique.
Sol . . sol *si ré*, consonnance de quinte.
Sol . . *sol* ut *mi*, consonnance de tonique.
Sol; . . *sol ré fa*, diff. de la quinte avec les moyens *appels*.
Sol . . *sol si*, conf. de la quinte avec le fort *appel*.
Sol . . *sol ut*, extrêmes de la nature.
Sol . . *sol ré*, conf. de la quinte avec le moyen *appel* seconde.

BASSES.	HARMONIES.
Sol . .	*ſol mi* , derniers ſons de la nature.
Sol; . .	*ſol fa*, diſſ. de la quinte avec le moyen *appel* quarte.
Ut ,. .	*ut mi*, premiers ſons de la nature.
Ut . .	*ré fa* , moyens *appels*.
Ut . .	*mi ſol*, derniers ſons de la nature.
Si . .	*fa la* , foibles *appels*.
Ut.—	*mi ſol*.
Fa . .	*fa ré*.
Fa-d.	*mi ut*.
Sol:—	*ré ſi*.
Sol . .	*ſi ſol*.
Sol . .	*ſi la-b.*, extrêmes des *appels*.
Sol . .	*ſi ſol*.
Sol . .	*ſi fa*, extrêmes des forts *appels*.
Fa-d.;	*ut mi-b*., premiers ſons de la nature.
Fa . .	*ſi ré*, forts *appels*.
Mi-b.,	*ut*, tonique.
Fa . .	*ut ré*, diſſ. de la tonique avec le moyen *appel* ſeconde.
Sol . .	*ut mi-b*.

BASSES.	HARMONIES.
La-b.;	*ut fa*, conſ. de la tonique avec le moyen *appel* quarte.
Sol . .	*ut mi-b.*
Fa . .	*ut ré.*
Mi-b.,	*ut.*
Mi; . .	*ut ſol*, extrêmes de la nature.
Fa . .	*ut la*, conſ. de la tonique avec le foible *appel.*
Fa-d.	*ut ré.*
Sol:—	*ſi ré.*
Sol . .	*ſi ſol.*
Sol; . .	*ſi la*, extrêmes des *appels.*
Fa . .	*ſi la.*
Fa . .	*ſi ſol.*
Mi . .	*ſi ſol.*
Mi, . .	*ut ſol.*
Fa . .	*ut la.*
Fa, . .	*fa ré.*
Sol . .	*mi ut.*
Sol . .	*ré ſi.*
La; . .	*ut la*, conſ. de la tonique avec le foible *appel.*
Sol . .	*ré ſi.*

BASSES. HARMONIES.

Ut.— *mi ut.*

Ut . . *fa ſol ré*, diſſ. de la quinte avec les moyens *appels.*

Ut,. . *mi ſol* ut.

Ut . . *ré fa ſi*, diſſonance des trois forts *appels.*

Ut.— *ut mi ut.*

Le diſciple qui voudra prononcer ces exemples, placera les harmonies vers le milieu de l'inſtrument, & approchera la baſſe de l'harmonie : s'il trouve le tout trop maigre, il pourra doubler les notes de baſſe & ajouter chaque fois leur uniſſon grave ; il pourra auſſi doubler une note de l'harmonie & ajouter ſon uniſſon aigu, évitant pourtant les extrêmes de l'inſtrument, concentrant la ſuite dans les trois octaves de *fa*, & ſerrant l'harmonie & la baſſe de maniere à ne jamais occuper plus d'étendue que deux octaves & une tierce. (art. 68.)

Prononçant ces exemples ſur l'inſtrument, on peut auſſi les régler, les animer & les embellir avec la meſure, avec le mouvement & avec les variations de batteries expliquées à la fin de la premiere partie. Si ces harmonies incomplettes & irrégulieres charment ſouvent plus l'oreille que les harmonies ordinaires, l'eſprit n'eſt pas auſſi ſatisfait par leur nomenclature : l'éclairciſſement qui ſuit, contentera peut-être quelques Lecteurs.

Nommant les harmonies incomplettes & irrégulieres, je fais abſtraction de la baſſe, car le total fait ſouvent une diſſonance quoique l'harmonie ſoit conſonnante ; la conſonnance des moyens *appels ré fa* eſt employée pour la baſſe *ut* avec laquelle il y a conjonction & par conſéquent diſſonance : la conſonnance des foibles *appels fa la* & *fa la-b.* eſt employée pour la baſſe *ſol*, avec laquelle il y a deux conjonctions & par conſéquent double diſſonance : la conſonnance des premiers ſons de la nature *ut mi-b.* eſt employée pour la baſſe *fa-d.*

ſenſible de quinte, le total eſt très-diſſonant : la conſonnance des forts *appels* eſt employée pour la quarte, & l'harmonie des trois forts *appels* eſt encore fort diſſonante.

Je dis harmonie conſonnante ou conſonnance pour tout enſemble de deux notes ſéparées par un des intervalles qui regnent entre les ſons que la nature marie enſemble. Pour moi l'enſemble *ſol ſi* eſt une harmonie conſonnante, que les deux notes ſonnent dans la poſition *ſol ſi*, ou dans la poſition *ſi ſol*, ſoit qu'elles ſoient ſéparées par la tierce majeure ou par ſon renverſement, la ſixte mineure, par l'intervalle de 4 demi-tons ou par l'intervalle de 8 demi-tons ; l'enſemble *ſi ré* eſt auſſi une harmonie conſonnante, que les deux notes ſonnent dans la poſition *ſi ré* ou dans la poſition *ré ſi*, ſoit qu'elles ſoient ſéparées par la tierce mineure ou par ſon renverſement, la ſixte majeure, par l'intervalle de 3 demi-tons ou par l'intervalle de 9 demi-tons ; l'enſemble *ſol ré* eſt encore une conſonnance, que les deux notes ſonnent dans la poſition *ſol ré* ou dans la poſition *ré ſol*, ſoit qu'elles ſoient ſéparées par la quinte ou par ſon renverſement la quarte, par l'intervalle de 7 demi-tons ou par l'intervalle de 5 demi-tons.

Ici comme pour les harmonies réglées, je nomme diſſonance tout enſemble de notes, entre leſquelles il y a une conjonction; je dis encore diſſonance pour tout enſemble de deux notes ſéparées par un intervalle plus ou moins grand qu'un des ſix intervalles conſonnans ſpécifiés. L'harmonie *ut ré* eſt diſſonante à cauſe de la conjonction des deux notes qui ſe touchent dans la gamme : l'harmonie *ſi fa* eſt auſſi diſſonante, la quinte qui ſépare les deux notes n'eſt qu'un intervalle de 6 demi-tons : l'intervalle qui ſépare l'harmonie *ſi la-b.*, extrêmes des *appels*, eſt à la vérité un eſpace de 9 demi-tons, mais il n'eſt pas le renverſement des 3 demi-tons qui ſéparent les deux notes de la tierce mineure ; *la-b.* & *si* se touchent dans la gamme, ce sont la sixte & la septieme.

Les harmonies incomplettes figurent dans la construction de la même maniere que les harmonies ordinaires ; les consonnances de deux *appels* dissonent dans la gamme, *contrastent* & phrasent avec une portion de la consonnance de la nature, comme les consonnances *analogues* dissonent & phrasent avec la consonnance totale de tous les sons de la nature. Les dissonances de 2 & de 3 notes sont doublement dissonantes comme les harmonies des articles 91, 92, 93, &c. elles dissonent en elles-mêmes & elles dissonent aussi dans la gamme, *contrastant* avec un ou avec deux sons d'une consonnance repos.

CONCLUSION.

Voilà, je crois, les vrais élémens de la Musique, les vrais principes de la compoſition, la ſcience harmonique, l'art d'ordonner les tons, les conſonnances & les diſſonances, enfin l'art de la conſtruction....

Je ne me hâte pas ici pour citer des *autorités* en faveur de mon Eſſai; je ne crois pas que nos *Maîtres célébres* ayent le tems de lire des livres de Muſique: d'ailleurs quand on eſt une fois applaudi pour des productions Muſicales, on a plus envie de multiplier ſes chefs-d'œuvres que d'examiner des principes. Je n'ai conſulté perſonne: ce n'eſt pas par vanité, car ſi j'ai une haute opinion de mes idées, j'ai une meilleure opinion encore du mérite des autres; je me ſoumets à tous les Lecteurs, ce ſont pour moi autant de Juges compétens: ſi leur approbation me flatte & nourrit mon amour-propre, leur critique m'eſt chere; la moindre me fait faire des efforts pour me corriger & pour me perfectionner.

Malgré mes efforts je n'oſe pas eſpérer que mon *nouvel Eſſai* faſſe une grande fortune ; aujourd'hui tout livre de Musique doit paroître mauvais ou inutile ; les talens de nos *virtuoses* sont divins, les chef-d'œuvres de nos compositeurs sont sublimes ; il est naturel de croire qu'on sçait tout, d'ailleurs on est habitué à une méthode ; on est familiarisé avec des termes ; & moi je m'écarte un peu de la route ordinaire, je parle souvent un langage nouveau ; l'appui m'est plus nécessaire qu'à aucun autre, j'en conviens & je sollicite la protection des *Lecteurs contents*, ils voudront sans doute prôner mes principes & ma méthode. Ils sentiront l'avantage & l'intérêt que mes élémens pourront jetter dans l'étude musicale. Je ne propose pas un travail machinal, ni une vaine tablature ; je parle peu à la mémoire & beaucoup à l'intelligence ; instruisant mon disciple sur les notes, je l'habitue en même temps à l'examen, à la comparaison, à la réflexion & au raisonnement.

Quoiqu'on cite par fois des regles pour justifier les petites productions, ou pour blâmer celles qui déplaisent, l'oreille n'est pas moins le seul guide des leçons de composition : c'est, à la vérité, un excellent guide ; car on écrit nécessairement de la musique, si on a l'oreille exercée à la suite & à l'ensemble des sons, & si on a les yeux familiarisés à la suite & à l'ensemble des notes ; avec cela, si on a du talent, on écrit de la bonne musique ; mais il est vrai aussi que l'Ecrivain instruit dans la *syntaxe*, dans la *Poésie*, dans la *Rhétorique*, va plus loin, à mérite égal, que l'écrivain qui a machinalement appris à lire & à écrire dans l'*Ecole*.

Si mon Essai n'exerce pas l'oreille, s'il ne familiarise pas les yeux avec les notes, il a cela de commun avec tous les livres : les dispositions naturelles, la pratique & le tems instruisent & perfectionnent les organes. J'ai rempli ma tâche, si le *Lecteur* dit, que je suis le plus près des élémens scientifiques qu'on professe en chaire, & si je contente beaucoup de Lecteurs, mes vœux pourront un jour être accomplis. Mon *nouvel Essai* bien applaudi, la Musique ne sera plus traitée comme un simple amusement, son mérite & son utilité seront reconnus, & ma doctrine sera peut-être aussi honorée d'une chaire Académique. (*t*)

(*t*) Changeant le signe visible, les leçons de *cet Essai* sont encore plus *académiques*. Il faut supposer que le disciple soit instruit sur la *lecture musicale*, & au lieu de prononcer les exemples sur l'instrument, il faut les noter; d'abord abstraction faite de la mesure, distinguant seulement les consonnances repos. Les *rondes* pourroient faire cet office pour marquer les notes du repos principal, les *blanches* serviroient au repos de quinte, les *blanches pointées* pourroient marquer les repos suspensifs, & comme les repos de virgule sont rares en Musique, on pourroit les indiquer avec des *croches* : la *noire* serviroit pour toutes les harmonies qui sollicitent, qui appellent, qui *contrastent* & qui font désirer. On ne marqueroit pas

Chers confrères, ne m'enviez pas la petite récompense qui pourroit m'en revenir si mon *rêve* alloit se réaliser de mon vivant; le plus grand avantage rejailliroit sur vous;

---

moins les ponctuations au-dessus des notes de basses. On notera le tout une seconde fois avec mesure.

Une autre division me paroît essentielle : je pense qu'il ne faudroit employer d'abord que deux *portées* ; les lignes horisontales ordinaires des *clefs* de violon & de basse représentent l'étendue harmonique du clavier : concentrant l'harmonie, on meuble plus aisément la tête du disciple ... sa tête meublée, on peut recommencer & écrire le tout en *partition* , toujours en deux sections , 1°. abstraction faite de la mesure, 2°. mesurant la construction.

En forme de *supplément* & pour contenter tout le monde, on pourra parler des *accords* & de leurs *signes* , chiffrant la basse des exemples proposés : si on veut donner une nomenclature scientifique, on pourra consulter *mon Traité* ou *ma Méthode.* Mais qu'on se garde à jamais de vouloir ajouter sur le chapitre des *embellissemens* ; car mille têtes, mille fantaisies, & *adieu la Chaire & l'Académie.*

vos lauriers seroient plus beaux & on vous les présenteroit plus galamment. La *Chaire Académique* annobliroit la Musique & notre état seroit un peu plus considéré. Croyez-moi, n'écoutons plus la jalousie ni l'amour-propre offensé, accordons & réunissons nos vœux, bannissons la discorde, & rappellons-nous qu'il faut que les trois sons de la nature soient unis & liés ensemble pour pouvoir faire un *accord parfait:* imitons ce principe, unissons l'*Art*, le *Génie* & l'*habileté*; & notre talent sera un talent parfait.

FIN.

EXPLICATION

DES PLANCHES SUIVANTES.

LES Obſervations de cet Ouvrage ſont neuves, il a fallu recourir à des ſignes nouveaux, la maniere ordinaire de noter n'a pas pu convenir à tous les exemples; je prie le Muſicien qui voudra examiner ces Planches, de lire d'abord leur explication, & de ne pas juger les exemples ſans avoir lu le texte de l'*Eſſai.* On trouvera aiſément l'explication de chaque Exemple; le livre eſt diviſé en 121 articles, ſans compter l'avertiſſement & la concluſion, & j'indique l'article & la page à la tête de chaque Exemple.

Les Exemples des articles 35, 36, 37, 38, 39, 41, 42, 43 & 44, n'ont rien d'extraordinaire, le premier eſt noté ſans meſure, il repréſente toutes les poſitions de la conſonnance des principaux ſons de la gamme d'*ut* majeur & de *la* mineur pour l'étendue du clavecin à

*

grand ravalement; 1°. les ſons de la nature 3 à 3, enſemble & ſéparément; 2°. les ſons de la nature, avec un uniſſon répété, 4 à 4, enſemble & ſéparément. Les ſuivans ſont meſurés, ils repréſentent les mêmes conſonnances, l'intonation des mêmes tons avec des variations de meſures & de batteries.

L'Exemple pour l'article 45 eſt encore meſuré, il repréſente la principale conſonnance, l'intonation des tons qui ont dans leurs gammes les *dieſes* & les *bémols* par nombres impairs.

Les Exemples ſuivans ſont tous notés, abſtraction faite de la meſure & du mouvement, ceux des articles 69, 70 & 71 repréſentent des chaînes générales de tons prononcés par l'intonation des ſons de la nature, ce ſont différens cercles de tons d'*ut* à *ut* & de *la* à *la* par différentes routes; chacun renferme une ſuite de conſonnances dont les poſitions ſont choiſies & ordonnées avec les baſſes dans l'étendue naturelle à l'harmonie ; par-tout je concentre la basse & la consonnance dans les 10 lignes horisontales des clefs de *sol* & de *fa* : les 22 notes de ces deux portées figurent, avec l'*ut* qui les sépare, pour les sons les plus convenables à la marche harmonique.

La barre verticale ne figure plus ici pour séparer les mesures, elle sépare les tons ; le nombre de *dieses* ou le nombre de *bémols*, ou le manque total de *dieses* & de *bémols* qui suit la clef ou les barres verticales, spécifie le ton.

La barre verticale double signifie la même chose ici que la barre verticale simple ; j'emploie la double après les deux tons relatifs qui se succedent dans quelques-uns de ces Exemples, après les deux modes qui se succedent dans la même octave & après les deux tons d'une autre marche uniforme.

L'Exemple pour l'article 72 représente une maniere choisie d'aller d'*ut-diese* en *ut-bémol*, & quatre manieres genérales d'aller d'un ton à un autre. Ce ſont encore des ſuites de ſimples conſonnances, les tons ſont tout uniment prononcés par leurs intonations, le tout eſt ordonné & noté comme dans les Exemples des 3 articles précédens.

Dans les Exemples des articles 75, 76, 78, 79, 80, 81, 86 & 88, il n'y a encore que des conſonnances; mais dans la conſtruction la conſonnance n'eſt pas toujours intonation, elle eſt tantôt *contraſte* & *ſollicitation* & tantôt *repos*; ſouvent pluſieurs conſonnances appartiennent à la même gamme, deviennent tour-à-tour *repos* & ſe ſollicitent réciproquement.

Les différens repos de la gamme ont des durées inégales, & chacun a ſes gradations. Je marque le premier, le principal & le plus grand repos, par des notes *rondes*, le ſecond par des *blanches*; le troiſieme par des *blanches pointées*; le quatrieme & le plus foible par des *croches*. J'indique les gradations de repos par la virgule, par le point, par les deux points & par la virgule & point posés au-dessus des notes de basses.

L'intonation ou la consonnance de la tonique forme le premier & le principal repos de toute gamme; la consonnance de la quinte ou de la dominante est le second repos : les autres consonnances de la gamme font par fois le quatrieme & le foible repos; les consonnances de la sixte & de la quarte, sollicitées par l'harmonie de la quinte ou de la dominante, font le troisieme repos de la gamme, le repos suspensif.

Toutes les consonnances de la gamme peuvent contraster & solliciter un ou plusieurs repos; je les marque par des notes *noires*, toutes les fois qu'elles contrastent & sollicitent.

Dans la construction, les repos sont tantôt prononcés & tantôt sollicités; prononcés, ils figurent pour des mots détachés, qui, à eux seuls, expriment un sens; & liés avec les sollicitations, ils composent les phrases du discours.

La barre verticale reçoit ici une nouvelle signification; outre qu'elle sépare ou répete les tons, elle sépare aussi les membres du discours de la construction de l'*Ariette ;* la simple fait la nouvelle fonction dans les morceaux fondés sur une seule gamme, & la double la fait pour les morceaux qui sont composés de plusieurs gammes.

A l'aide de ces notions, le Musicien suivra facilement les Exemples des huit articles cités tout-à-l'heure; il reconnoîtra & distinguera les sollicitations, les repos, leurs gradations, les mots, les phrases & les membres du discours.

Pas plus de difficultés pour lire les Exemples suivans : l'article 101 représente le principal repos, l'intonation de tous les tons, annoncé & sollicité par les trois principales dissonances de la gamme. L'Exemple de l'article 102 est un échantillon de la chaîne générale des tons annoncés & sollicités par les trois principales dissonances de la gamme.

Dans les articles 105 & 106 on reconnoîtra les quatre repos de la gamme; ils sont sollicités par les consonnances & par les dissonances qui *contrastent* assez avec eux, pour exiger, en phrase simple, leur retour. Sans avoir égard ici aux gradations de repos, je considere le premier & le principal comme un repos de *point;* le second, le repos de quinte, comme un repos de *deux points;* le troisieme, le repos suspensif, comme un repos de *point* & *virgule;* enfin, le quatrieme & le plus foible, comme un repos de *virgule.* La suspension est plus variée ici que dans les constructions de pures consonnances; ce ne sont plus les seules consonnances de quarte & de sixte qui suspendent la conclusion, des harmonies étrangeres à la gamme, mêmes des dissonances deviennent repos suspensifs: j'indique & je nombre ces suspensions tant ordinaires qu'extraordinaires.

L'article 107 repréſente le principal repos ſollicité par les diſſonances de la gamme; il forme avec elles une phraſe finale, ſimple, double, triple, quadruple, quintuple & progreſſive : dans l'article 75 le repos final étoit ſollicité de la même maniere par les conſonnances de la gamme.

L'article 108 repréſente le repos de quinte ſollicité par des diſſonances étrangeres à la gamme & formant avec elles des phraſes ſimples & compoſées.

L'article 110 renferme l'Exemple de la phraſe inverſe, qui eſt interrogative ou admirative dans la conſtruction.

Les Exemples des articles 111 & 112 ſont des paſſages de ſurpriſe & de tranſition *enharmonique.*

L'article 113 renferme trois Exemples de phraſes doubles, dont les ſollicitations ont une marche extraordinaire.

Le premier Exemple de l'article 114 repréſente les gradations & les nuances du principal repos ſollicité par la diſſonance de dominante : je n'ai pas varié le ſigne, le *point* eſt poſé au-deſſus des baſſes *ut*, *mi* & *ſol*; dans la conſtruction je me ſers des autres marques de la *ponctuation* pour diſtinguer ces gradations de repos.

Les deux autres Exemples de l'article 114 ſont deux conſtructions ſur la période muſicale, elles renferment les nuances les plus agréables & les plus uſitées du principal repos.

L'Exemple de l'article 115 eſt un canevas de diſcours muſical fondé ſur les élémens les plus ſimples de l'harmonie.

L'article 116 expoſe & explique l'accompagnement de la régle de l'octave.

Le premier Exemple de l'article 118 eſt une troiſieme conſtruction ſur la période muſicale, c'eſt un tout ſimple & complet, plus riche en harmonies que les deux derniers Exemples de l'article 114; mais fondé également ſur une ſeule gamme.

Dans les cinq autres Exemples de

l'article 118 il regne une grande variété de tons, les harmonies ſont ordonnées pour la conſtruction d'*Ariette* & pour celle du *Récitatif.*

Les Exemples de l'article 121 & dernier de l'*Eſſai* indiquent l'emploi des harmonies incomplettes & irrégulieres.

La baſſe & les poſitions des harmonies ſont choiſies dans ces Exemples, elles ſont toujours ordonnées enſemble dans les trois octaves ordinaires des clefs de *fa* & de *ſol.* Si l'étendue de la conſtruction harmonique eſt limitée, le champ de la mélodie eſt plus vaſte : dans la *partition* l'ordonnance harmonique eſt concentrée, & ſouvent les uniſſons répétés chantent aux extrêmes. Le Compoſiteur qui veut chanter feroit pourtant très-bien de ſe rappeller que la nature a mis des bornes par-tout. Parlant de la *Poéſie* muſicale, je prouverai que l'étendue de la mélodie n'eſt pas illimitée...

Ayant ces Exemples ſous les yeux,

le Muſicien pourra profiter de mon *nouvel Eſſai*, quoiqu'il ne ſache pas jouer du clavecin; il aura recours aux notes chaque fois que j'envoie le Lecteur à l'inſtrument : & l'Amateur qui étudie devant le clavecin ſera bien auſſi de noter les Exemples & de confronter ſes notes avec les miennes, avant que de les eſſayer ſur l'inſtrument.

NOTA.

Dans l'impreſſion des Exemples de mon *nouvel Eſſai* il y a deux fautes graves, je les ai corrigé ici.

Article 81 page 108, la conſonnance *fa la ut* eſt conſonnance de quarte, repos de *virgule* & non pas repos *ſuſpenſif*; l'harmonie de la tonique le ſollicite & non pas celle de la dominante.

Article 118 ſixieme Exemple page 257, l'harmonie *mi ſol* o *ut-dieſe*, avec la baſſe *la-dieſe*, eſt ſollicitation, exclamation admirative & non pas ſuſpenſion; le morceau eſt de la conſtruction du *Récitatif*, les deux premiers repos de la gamme rendent bien tous les repos du *récit*, & les phraſes inverſes ou les ſollicitations non ſauvées, expriment les interrogations & les exclamations du *Récitatif*.

Article 35, Page 30.
1
Article 36
Page 31.
Article 37
Page 32.
Article 38
Page 32.
Article 39
Page 33.

Articles 41, 42, 43 *et* 44; *Pages* 33, 34 *et* 35.

Article 45, Page 35.

&c. &c. &c.

Article 69, Pages 64 — 73.

1.r

ou

2.e

ou

3.e

ou

4.e

ou

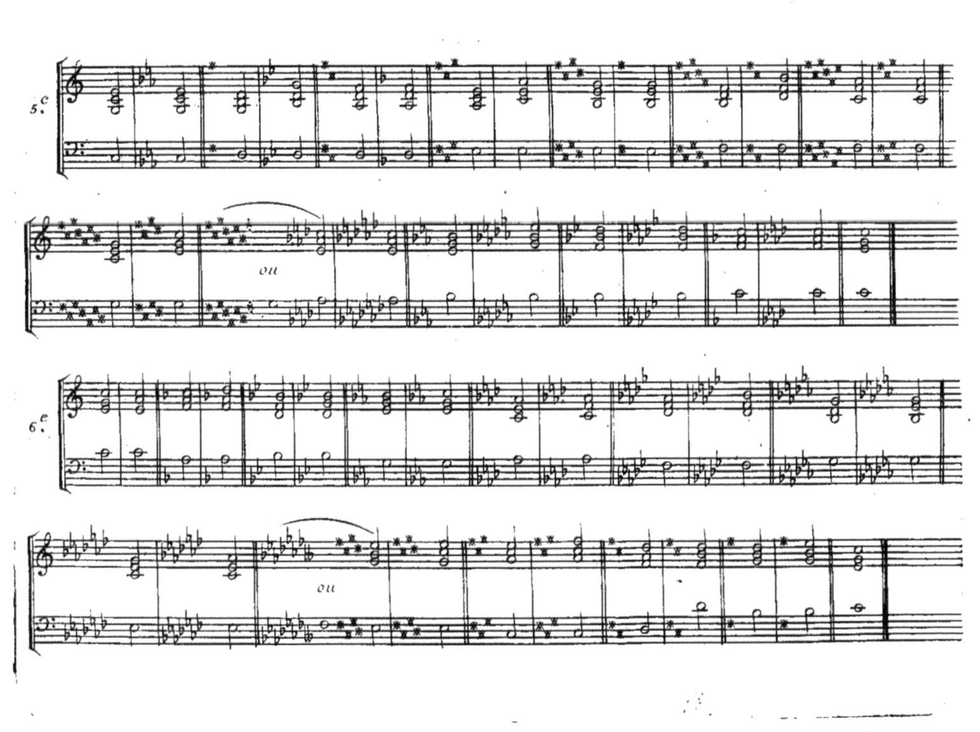
5.e
ou
6.e
ou

Article 70, Page 73.

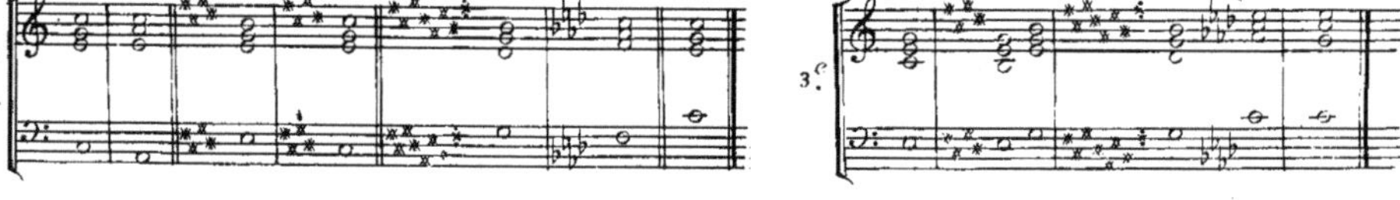

Article 71, Page 76.

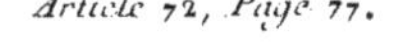
Article 72, Page 77.

1°
2°
3°
4°
1°
2°
3°
4°
Art. 72
Page 80

Article 75,
Page 84.
Article 76,
Page 92.
Article 78,
Page 97.
Article 79,
Page 100.
Article 80,
Page 102.

Article 81

Page 105.

Article 86, Page 116—131.

Art. 86, 1°

Page 119.

Art. 86, 3e

Page 129.

Article 88, Pages 133–144.

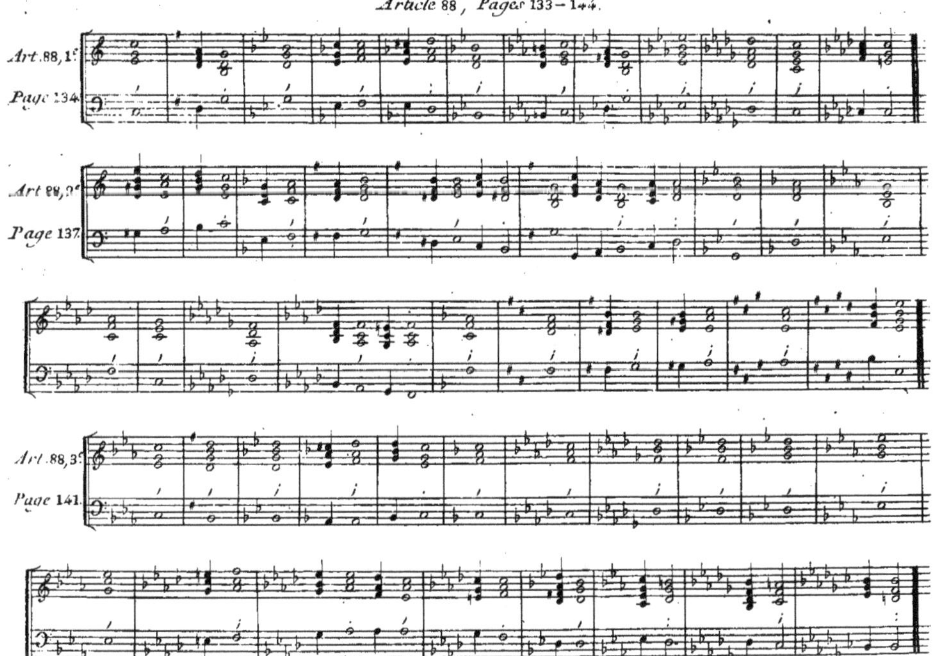

Article 101, *Pages* 169 — 179.

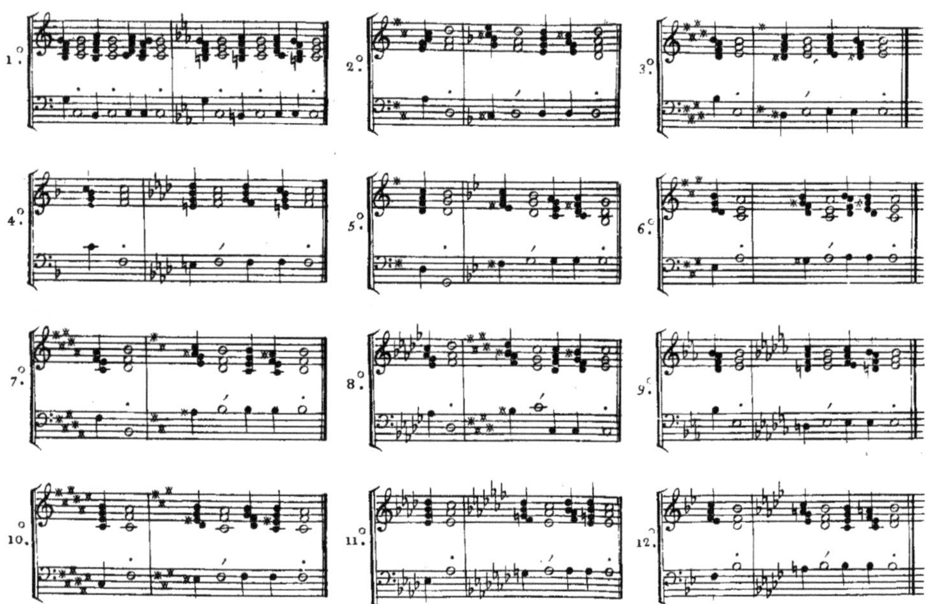

Article 102,
Page 180.
&c
Article 105,
Pages 192—198.
1.°
2.°
3.°

Article 106, Page 198.

Article 107, Page 200.

Article 108, Page 202

Article 110, Page 206.

Article 111, 1°. Page 208.

2°

Article 112, Page 212.

Article 113, Page 218.

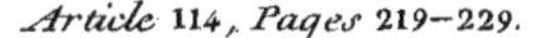
Article 114, Pages 219–229.

Art. 114,
Page 220.
Art. 114, Page 224.
Art. 114,
Page 225.
Article 115
Page 229.
Article 116
1º
Page 233.
2º

Article 118, Pages 240–258.

Art. 118,
Page 248.
Art. 118,
Page 253.

Art. 118,
Page 255.
Article 121, Pages 263–280.
Art. 121,
Page 269.
Art. 121, Page 270.
Art. 121, Page 271.

Fin.

Les pages 10, 11, 12, 16, 17, 18, 19 et 20 gravées par Richomme

www.ingramcontent.com/pod-product-compliance
Ingram Content Group UK Ltd.
Pitfield, Milton Keynes, MK11 3LW, UK
UKHW021128260726
13994UKWH00001B/51

9 782329 391908